DOCTRINAS Y ENSEÑANZAS TEOSÓFICAS

H. P. BLAVATSKY

H. P. BLAVATSKY

DOCTRINAS Y ENSEÑANZAS TEOSÓFICAS

PRÓLOGO, BIOGRAFÍA Y GLOSARIO
POR RAFAEL URBANO

BIBLIOTECA DEL MAS ALLÁ
LISTA, 66. — MADRID
1922

© de la presente edición
  del 2024:

Editorial MAXTOR
  Fray Luis de León, 20
  47002 Valladolid (España)
  +34 983 090 110
  pedidos@maxtor.es
  www.maxtor.es

I.S.B.N. 978-84-1171-038-1
depósito legal: DL VA 172-2024

PRÓLOGO

MADAME BLAVATSKY

I

HELENA PETROWNA BLAVATSKY

ha sido verdaderamente una mujer extraordinaria.
Extraordinaria, no de cualquier modo, sino de un
modo también extraordinario, valga lo que valiere
la redundancia.

Su vida maravillosa, llena de originalidad, de extravagancia, fuera de lo común y corriente, referi-
da muchas veces, es, sin embargo, en realidad desconocida; ofreciendo así sus biógrafos datos contra-
dictorios y sorprendentes, que sólo podrían aceptarse
creyendo que gozó también, entre otros dones y facultades ocultas, del de la ubicuidad.

Ponderado su saber, su talento; admiradas en miles de ocasiones sus facultades proféticas y su ge-

nialidad vidente; en otras, ha sido calumniada y ul-
trajada sin piedad, negándola hasta la consideración
que como mujer merece.

Apareció, al decir de los más intransigentes, en un
momento propicio, cuando una oleada de materialismo pretendía ahogar al mundo y parecían consuma-
das todas las revoluciones. Y tuvo la suerte—si es
que no se acepta su misión providencial y el que
cumpliera un mandato—de volcar de repente sobre
el vulgo ilustrado y escéptico la filosofía y el arte
asiáticos, que ya desde los días de Anquetil Dupe-
rron preocupaban a unos cuantos escogidos en la vieja Europa.

Los primeros trabajos de los indianistas (serios,
pacientes), incompletos, nada populares, no podían
llegar a las masas; y cuando alguna vez habían llegado, la monstruosidad aparente del panteón asiático era
más agresiva para la cultura cristiana que la licencia
del panteón griego, o la barbarie que habían señalado
en los panteones americanos los conquistadores espa-
ñoles y los piratas del todo el mundo.

El empeño de Mme. Blavatsky, que se ofrecía no
como una mística enferma al igual de Antonieta de
Bourignon, ni como una doctora en teología, como
nuestra santa de Ávila, sino como la más atrevida
mística al revés y el escolar más díscolo y presuntuo-
so, al luchar cuerpo a cuerpo con la mayor autoridad
orientalista de entonces, el profesor Max Muller, y
los filósofos Spencer y Solovief; ese empeño parecía
temerario y sin fruto para lo venidero. Pero no fué

así. *Un núcleo de admiradores y de discípulos la animó a su obra, y recogiendo las notas fundamentales, predominantes, en la realidad del instante y aquellas que perduran en el espíritu humano, creó la Sociedad Teosófica, llamando a todos los emancipados recientes que la exaltación democrática acaba de hacer hombres y que trataba de hacer ciudadanos e iguales por encima de toda condición: los negros y las clases trabajadoras.*

La primera vez que pudieron convivir en la América del Norte los negros y los blancos, en unión duradera para tratar de todos los problemas de la vida, fué en las logias teosóficas, donde, sin distinción de color, se aceptaba a los hermanos. La obra social, borrando la distinción de clases, fué comenzada no más en los barrios extremos de Londres, congregando a ingenieros y obreros, a patronos y asalariados para una obra de paz y de concordia, que no pudo ver realizada la "Gran Inquieta" por morir al poco tiempo de empezarla.

Transmitió su inquietud, y para que las gentes se preparasen a "volver" al Asia y alcanzasen una fraternidad que ni el Evangelio, ni la Declaración de los Derechos del Hombre habían podido entregar a cada uno, como el verdadero pan eucarístico para la suprema comunión, dejó su obra, una obra nueva, pero en el fondo vieja, antigua, "arcaica", según su adjetivación favorita: la Teosofía.

No es la Teosofía una invención de Mme. Blavatsky; pero sus derechos de tutela y la función que ha servido para salvar ese Saber Olvidado, la presentarán por mucho tiempo ante las gentes como su auténtica fundadora.

LA TEOSOFÍA

es la ciencia o sabiduría divina. Es lo que significan las dos palabras griegas que la originan. Pero no se toma en la acepción de lo que Dios o los dioses saben, sino de lo que podemos saber y sabemos los hombres de Dios o de los dioses, y por Dios o los dioses. Es decir, que es un saber de las cosas divinas que el hombre recibe, ya por una revelación que se va transmitiendo entre ellos, ya por una revelación que ellos mismos pueden recibir directamente de Dios o de los dioses, por medios adecuados a su inteligencia y naturaleza.

La revelación teosófica no es una pura fantasía; se apoya sobre una tradición constante y permanente que acreditan las Escrituras Sagradas de todas las religiones, las revelaciones de los videntes, las inspiraciones de los artistas y las creaciones de los hombres de ciencia.

Hablamos de Dios y de los dioses, empleando esas palabras para utilizar las corrientes cuando se quiere hablar de algo que es superhumano, fuera de las cosas humanas, políticas, sociales, científicas, artísticas, por encima del hombre.

Muchas personas emplean para el caso las palabras: Absoluto, Infinito, lo Eterno, lo Incognoscible, etc., etc.

DOCTRINAS Y ENSEÑANZAS TEOSÓFICAS

La palabra "Teosofía" es más clara, más comprensible. Tiene la autoridad de algunos siglos y es un perfecto símbolo universal para los hombres. Data del siglo III de la era presente. La empleó, a lo que parece, primeramente Ammonio de Saccas, filósofo alejandrino, hijo de padres cristianos, pero dado, desde luego, a la especulación platónica, con la que armonizó la doctrina de sus padres, concibiendo así una síntesis suprema del saber, en la que la ciencia humana venía a ser la encarnación de las enseñanzas religiosas, no sólo del cristianismo, sino de todas las religiones, que coinciden admirablemente en sus principios morales.

Este descubrimiento de una unidad moral entre credos distintos, entre pueblos tan distantes; las anticipaciones que ofrecen los mitos a los descubrimientos humanos; la confirmación que la ciencia efectúa tan a menudo sobre las enseñanzas de los libros religiosos, no pueden ciertamente ser casuales y fortuitas. Se deben a la misma naturaleza de Dios o de los dioses, y es menester que los escuchemos si queremos seriamente vivir como hombres.

Es verdad que Ammonio de Saccas no ha dejado escrito alguno, pero sus discípulos—Orígenes, entre otros—nos han explicado su ética, como los discípulos de Sócrates, de Buddha, de Orfeo, de Zaratustra, nos han legado las enseñanzas de esas grandes figuras.

El triunfo del cristianismo, al tomar posesión en la vida civil, en la vida diaria, ahogó el sincretismo

de Ammonio de Saccas, y la misma palabra "Teosofía", desnaturalizada, alejada de la inmensa mayoría
humana, sólo vive como una herejía de espíritus
escogidos, para significar su independencia frente a
los dogmas y frente a la ciencia, separada del cristianismo, constituyéndose como una entidad opuesta
a la religión.

Todo pensador libre que en su estudio cuenta,
sin embargo, con el auxilio de los dioses, es así un
teósofo. Lo es Roger Bacon, haciendo una física y
una química contra la dogmática científica, mane-
jando los cuerpos materiales y las ideas como entidades divinas. Lo es Raymundo Lull, volviendo al
árbol de la ciencia del bien y del mal, para escoger
sagazmente los frutos del bien y de la sabiduría.
Lo es Jacobo Boehm, encontrando en el aura humana la verdadera luz para esclarecer las tinieblas
que nos envuelven. Lo es un Guillermo Postel, lo
es un Roberto Fludd, lo es Nicolás Flamel, lo es
Swedenborg; lo son, en fin, todos los místicos, los
genios, los artistas, los filósofos que no pueden separarse de los dioses, y que escapan al cielo en un
ansia de inmortalidad, por la que les nacen alas.

LA ENSEÑANZA OCULTA

y la tradición secreta han existido y existen todavía;
pero no como las imagina el vulgo, y aun algunos
que al vulgo no pertenecen.

El saber, la cultura, los métodos de abreviación

y los procedimientos más fáciles para la acción en la vida no están hoy bajo siete sellos, pero todos exigen una iniciación para conseguirlos; y esa iniciación es el estudio, que antes también se hacía y se exigía al investigador.

Pero hay una investigación que no sólo requiere la abnegación del sabio, su concentración mental, sino que exige un compromiso formal, mucho más integro, más completo que el que puede celebrar y celebra un estudiante a principio de curso al matricularse en una cátedra.

La tradición oculta no separa los hechos positivos y materiales del pensar, del sentir y de la moral del hombre. No separa tampoco los pensamientos de los hombres y los dioses. De manera, que en toda investigación positiva, material; en toda obra mecánica hay otra cosa moral, religiosa, fundamental, que afecta a los dioses y a las cosas superiores que no conocemos aún. Y análogamente, en las cosas divinas hay también una cosa material y positiva, que es como la ganga que revelan los minerales cogidos naturalmente.

Se puede dejar a Dios al entrar en un laboratorio y prescindir de toda práctica moral para el examen físico de un corte geológico; pero no dejará el Espíritu Absoluto de actuar eternamente sobre todos los líquidos, ni de elaborar en misterio impenetrable la generación de los metales. Tras la admiración de un descubrimiento científico, tras el estupor de una invención ingeniosa o la más bella acción *humana asoma en los cielos su cara el Señor, y el mismo descubridor, el inventor, el artista, el hombre bueno, en lo íntimo de su conciencia, devuelven al Espíritu Absoluto el aplauso que se les ha concedido.*

La Teosofía no es dogmática, ni puede serlo. Se imagina generalmente como una idea puramente religiosa, atendiendo a la primera mitad de la palabra; pero es un error. Como sería imaginarla un sistema puramente filosófico, atendiendo a la segunda mitad de la misma. En cierto modo es un método integral de investigación, porque no examina sólo la materialidad de los hechos y de los cuerpos, ni sólo la psicología de las almas, sino que busca "las siete claves" de su objeto de estudio. Una piedra no es sólo un mineral, es también un espíritu, como un hombre no es sólo el vaso de elección de una idea, sino algo material: es también una piedra.

La ciencia, la religión, el arte positivo, por la lógica y el método corriente de investigación, descuajan los objetos de su estudio, aislándolos lógicamente para mayor comodidad en el trabajo. Se estudia así al hombre, separándolo de la naturaleza, de la moral, del arte, y se le estudia seguramente bien, habiendo conseguido con tal procedimiento grandes y señalados triunfos en la comprensión del hombre; pero se llega a sufrir así la ilusión de verle como no es, al habernos perdido en una extremada especialización en el estudio. Las luchas y contradicciones entre las diversas ciencias son posibles así, por sostener una independencia en sus conclu-

siones, siendo esa posición irreductible la causa fundamental del escepticismo, como observaba Platner.

LA TEOSOFÍA Y LA CIENCIA

se ofrecen, desde luego, divorciadas y opuestas, por la naturaleza íntima de sus respectivos métodos. Es el caso de la Psicología frente a las demás ciencias que estudian al hombre. La única ciencia espiritual es ella; las demás son perfectamente materialistas. La investigación teosófica transcendente y sublime está por encima de la investigación científica; pero no es ciertamente una locura, sino una cosa que no es positiva, ni material, ni meramente humana.

La Teosofía es sencillamente el modismo absoluto que no puede ofrecerse terminado y concluso al hombre, porque no se han adquirido "todas" las experiencias, ni se han pasado todas las cosas por "las siete claves".

Es más; así como ninguna ciencia positiva está terminada, ni es como será cuando sea para incorporarse a la única Sabiduría, la Teosofía misma no está terminada. Teósofos han sido Raymundo Lull, Jorge Hamman, Mme. Blavatsky, Emerson, y hoy mismo no sólo el filósofo Eucken, sino el místico Steiner, el profundo Maeterlinck y el intuicionista Bergson, ofreciendo cada uno una fase más o menos amplia del método integral y monista de investigación.

La Teosofía por antonomasia se ofrece en la ac-

*tualidad como el cuerpo doctrinal legado por mada-
me Blavatsky, y se toma así como una cosmología
oriental y una psicología mística, tan lejos de nuestra cosmología y psicología contemporáneas, como
las esculturas monstruosas de Ellora, de las obras
de Praxiteles, y las fábulas cafres, de un cuento de
Shakespeare.*

LA OBRA DE MME. BLAVATSKY

*es, efectivamente, la presentación más completa, no
ya del método de investigación integral y monista,
sino de los resultados posibles del empleo de ese método. Nadie la ha superado en eso, y pocos genios
pueden presentarse en la elaboración de un sincretismo tan llevado a sus últimos límites, fuera de
San Isidoro, de Sevilla, en sus* Etimologías; *Raymundo Lull, en su* Arbol de la Ciencia, *y Herbet
Spencer, en su* Sociología.

*Pero Mme. Blavatsky no ha tenido continuado-
res de ninguna suerte. La enciclopedia teosófica que
constituyen sus obras no informa íntegramente a
la Teosofía presente, que sacudiendo, a pesar suyo,
la base inda se enquista en el pietismo protestante
tan diversificado de Mme. Besant, Mme. Kingford,
Rodolfo Steiner, el más notable de todos, o en un
desenfreno de la imaginación, que, por encima de
todos los respetos, constituye una injuria a la misma
locura, en indoctos pedirecuos de la Maestra.*

Y como se ha de volver sobre la obra de tan ilus-

tre mujer, aunque íntegramente no se recoja, no puedo menos de aplaudir la exposición que se ofrece de sus doctrinas y enseñanzas en este libro, recogiéndolas de los textos originales y ordenándolas para el lector del presente.

En realidad, no hay un manual de Teosofía mejor que éste, ni ninguno más adecuado podría trazarse que el que se traza en él, porque ofrece, no sólo la doctrina ortodoxa, sino el pensamiento íntimo de quien concibió primeramente estas ideas.

II

Su vida.

Es una vida extraordinaria la de esta mujer sin par.

Escribiéndola brevemente, se puede decir: Nació en 1831 en Ekatarinalaw. Casó a los quince años, en 1846, con un viejo de setenta, escapando del lecho conyugal para ir a Constantinopla, Egipto, Grecia, Francia, Inglaterra, Norteamérica y la India.

En 1875 fundó la Sociedad Teosófica. En 1877 publicó Isis sin velo. *Después hizo más viajes, más estudios, prosiguió su vida de aventuras y maravillas. Publicó en 1888 la* Doctrina Secreta, *y antes de morir, en 1891, dió a la estampa* La Clave de la Teosofía.

Esta vida absurda, fuera de toda preocupación civil, es la vida de una mujer, la única mujer que ha creado una religión. Es la vida ofrecida contra toda preocupación, contra todo prejuicio sobre la vida de los fundadores, de los profetas y de los mismos enviados.

Sus mejores biógrafos no saben más. Y los más autorizados, los que recibieran de los propios labios de ella algunas noticias de su existencia, fueron burlados en su pretensión humana por la Maestra, que dejó en sus manos una sombra que habían de mal-tratar.

¡Con qué vergüenza, como haciéndose solidarios de la farsa que sospechan, nos dicen que juraba como un carretero aquella señorita de quince años! ¡Con qué inquietud sobre la mesa describen la fuga de la novia de un viejo de opereta! ¡Cómo apuntan las calumniosas acusaciones sobre sus violencias, sus rarezas, sus fraudes, sus ignorancias, y, sobre todo, cómo queriéndola justificar se justifican a sí mismos sus biógrafos y admiradores!

Se puede ser profeta en cualquier parte, menos en la misma patria, porque otro pueblo recogerá al que su pueblo no ha sabido apreciar ni comprender. Pero ¿qué otro mundo, qué otras gentes justificarán a estos profetas que pertenecen al mundo?

La vida clara y transparente de Mme. Blavatsky es una vida para el escándalo del mayor número. Una vida de prueba para esos biógrafos que empiezan hablando de los muertos ofreciendo su fe de bautismo, y que cierran la glorificación de los hombres dejando caer sobre ellos la lápida del sepulcro con la partida de defunción... ¡cuando han resucitado!.

La verdadera vida de Mme. Blavatsky fué una vida oculta, una vida desconocida, y no esa que han biografiado algunas gentes aptas para tomar la temperatura de un enfermo de cuidado.

Cuando ignoramos el dogma de la gravitación, podemos temer, ignorando también los dogmas de la luz, que las estrellas caigan a nuestros pies cualquier noche. ¡Qué esfuerzos, qué maravillosos razonamientos tienen que hacerse, todos los días que piensan, las personas imbéciles para que los astros no se les caigan encima!

Las vidas de los santos, en los entendimientos débiles, plenos de pecado, causan admiración primero. Después, la inteligencia perversa, creyendo a medias, queriendo que los bienaventurados y los seres admirables sean como es ella, los dispensa la santidad o el genio, para llegar a esa categoría ella misma en un momento oportuno.

Una humanidad excesiva, menos aún, una simple humanidad, es perjudicial para toda biografía transcendente, porque el biógrafo desconoce la norma superior de conducta a que obedece dentro de sus inconsecuencias el biografiado.

Las biografías de los dioses, los Evangelios, no pueden ser como las Vidas de Plutarco y de Diógenes Laertio. Fuera de las cosas humanas, los detalles humanos carecen de sentido; y los dejan los dioses, los profetas, los santos y los genios en quien pone mano en ellos, como el expolio que sirve para liberarlos y ascender más pronto al cielo.

Siguiendo paso a paso el calvario de los dioses, tomando también su cruz, la de ellos, llegaríamos a presenciar el suplicio sin inmutarnos, encontrando más natural aquello que la protesta de los siglos.

Un abrigo excesivo no nos deja sentir la atmósfera ambiente; y ese cúmulo de hechos, de hechos pequeños, de hechos distintos, como prendas distintas para preservar el cuerpo, nos llevan al campo de la historia tan libres de contacto, que podemos creernos víctimas de una anestesia.

La verdadera vida de cualquier hombre, ¿qué es lo que la constituye? Indudablemente debe ser algo que no es de otro, que debe ser de él sólo, de él propio. Y lo que nosotros conocemos de cada uno no es más que lo que podemos conocer en el caso más felicísimo de cultura. Y todo cuanto debemos saber en las mejores condiciones de elevación y progreso moral.

Una biografía imparcial es absolutamente imposible. Lo que es indiferente no puede biografiarse. Así, siempre resulta que las biografías no son las vidas de las personas de quienes se habla, sino las de quienes las escriben.

Una historia de nuestra emoción por el sujeto sería más sincera y valdría más. He ahí lo que propongo al lector y lo que tributo a la gloriosa maestra.

SU MIRADA.

El retrato más popular y conocido de Mme. Blavatsky es este pequeño retrato que tenemos en este momento en nuestras manos, para asirnos más firmemente el recuerdo que queremos consagrarle en este instante.

Es muy imperfecto este retrato; pero tiene por encima de la imperfección con que le ha perjudicado el artista, que no le ha hecho con el debido cariño, con aquella unción que ponía en sus escenas religiosas el famoso pintor que dibujaba de rodillas el rostro de la Virgen; tiene, como digo, a pesar de todo, una cosa que no puede dibujarse, hacerla mal, evitarla, desfigurarla siquiera quien ponga manos en esa obra. Es la expresión de los ojos, la mirada serena y reposada que está tranquila y segura, aunque no puede precisarse en qué punto imaginario del espacio se detiene.

El rostro, más asiático que europeo, descansa firmemente sobre una mano, la mano de los dones y de las gracias, la misma mano que ha levantado el velo de Isis y que ha prodigado tantos bienes. La boca está plegada, diríase que sirviendo a una meditación muy profunda, voluntaria, querida y deseada libremente. Así, no se ve el labio inferior prominente y forzado como lo adelanta a veces la mano que, por violencia, soporta toda la faz para esas meditaciones, que parecen más bien una penosa escudriñación de lo lejano.

La figura se adivina colocada tras la mesa o el bufete de estudio, y parece que ha sido sorprendido el original en uno de esos momentos en que vemos los demás las ideas en el espacio, y en los que el *maestro las miraba para copiarlas más fácilmente.*

Esta mirada particular, *infalsificable siempre, que no puede dibujarse, nos suministra una profunda enseñanza que debemos revelar en este instante, precisamente en este momento.*

Este portento, la más piadosa de las mujeres, el más amable y caritativo de los maestros, la más humana y tolerante de las inteligencias que han podido visitarnos, consagró su obra y su vida a la redención de la verdad, y cifró todo su empeño en que se comprendiese el mundo, en que amase su pasado.

Su obra fué una misión voluntariamente escogida, que ella condensaba con claridad en estas palabras: "Rescatar de la degradación las verdades arcaicas que constituyen la base de todas las religiones."

¿Qué redención ha podido concebirse más grande y más necesaria? ¿Qué tolerancia ha sido más amplia, más caritativa y más justa con todos los hombres y con todas las inteligencias? El exclusivismo de los directores de raza redimía sólo a un grupo, a una familia, que podía ser muy grande, pero que no era toda la familia humana. No tenían, no tuvieron aquellos hombres la debida tolerancia.

Mirar a todas partes, escuchar a todos, es ya un acto de accesión y de benevolencia, es tolerar; pero tolerar no es todo. Hay que rescatar, hay que redimir, que cribar las ideas y tamizarlas, haciéndolas pasar por el mismo harnero, por el mismo cedazo. Esta obra ha sido hecha por esta mujer que nos ha *sido enviada. Su relación con nosotros, con todos los hombres, la ha hecho de la manera más perfecta que puede hacerse: mirando, y mirando como debe mirarse, porque sabía y practicaba el gran misterio y el poderoso secreto de la mirada.*

Estamos en nuestros ojos.

Nuestro valer, nuestra verdad nos salen a la cara. Son los ojos las ventanas del alma, dice desde hace siglos nuestro vulgo. "Por nuestra propia pupila nos ve el Señor", ha dicho el inspirado Silesio. Ver, mirar: eso es todo.

La expresión de una cara es la palabra de un idioma que mira en vez de decir; de un idioma mudo, pero que indica.

Todo nuestro espíritu está en nuestros ojos, y aun sigue revelándose en ellos cuando los hemos perdido, ciegos por los dolores sufridos, o ciegos porque vinimos sin ellos a la vida. "Me habló como si me mirase", dice uno de los ciegos de Maeterlinck. Y, efectivamente, no podemos hablar a las gentes sin dirigir a ellas nuestros ojos, a menos de ser ciegos de nacimiento, y aun así enfrontamos el rostro.

Se ha creído que se educaba la vista presentándola buenos dibujos, las mejores imágines, los más bellos colores. Y la vista no se educa sino viendo las mejores ideas. "Los ojos que han sufrido son los más bellos", ha dicho en algún sitio Michelet. Lo son, en verdad, porque han visto el dolor, porque han visto también alejarse la dicha. La mirada se educa haciéndola ver lo invisible. Verá siempre más un estudiante de geometría analítica, por mediano que sea, que un comisionista en colores. Asimismo el que sepa mirar los grandes problemas, el que quiera ver las grandes cosas, verá siempre más que el que ha visto los mejores monumentos y las más bellas ciudades. Basta con verse los pensamientos. ¿Y cómo ver nuestras ideas? Podemos verlas en nuesro propio interior, volviendo para dentro nuestros ojos, cerrándolos para fuera; y podemos verlas en el espacio mirando atentamente, sin parpadear un instante, como si esperásemos la salida y aparición de una estrella. Hay que mirar con el mayor deseo, con la mejor voluntad, con la más pura intención, sin bañar en llanto nuestros ojos, para no ver deformados los objetos. En el llanto hay una especie de miopía que comienza, como hay una ceguera incipiente en la mirada del que sufre un proceso violento. Hay que estar sereno, tener un ánimo tranquilo para ver lo que debe verse más allá del horizonte visible. La percepción actual de colores que no fueron sospechados anteriormente es no tanto un hecho fatal de la evolución del sentido, como una conquista alcanzada por la mayor tranquilidad de los hombres.

Con tranquilidad, con reposo, yo creo que podremos ver todos los hombres colores más allá del violeta. Así como se ven y pueden verse las formas que producen las ideas.

He aquí la enseñanza que nos queda, que nos quedará para siempre, en este retrato del maestro, que, aunque esté mal ejecutado, cumple con la condición primera que ha de tener un retrato: la "pose" honrada, la más elevada y natural del original vivo.

S u   v o z .

"Una suprema sensación de paz se apoderó de nosotros, arrodillados a un lado, sabiendo que todo había concluído." (Mis I. Cooper.—COMO NOS DEJÓ.)

Tienen estas palabras muchos años de vida y serán perdurables y eternas por ser el más ingenuo y conmovedor relato de la muerte de Helena Petrowna Blavatsky. Nació en mayo.

La tierra empezaba a caldearse, y el frío, aquel frío tan cruel de aquel invierno que acababa de morir, se retiraba perezosamente a otras regiones.

La luz misma, degradándose por instantes hasta llegar a la indecisión de un crepúsculo, se amortiguó como si el sol se velase por una nube densísima.

Eran las dos de la tarde.

La enferma, animada por los últimos efluvios de vida, se incorporó sobre el lecho, y tanteando las ropas, deshaciéndose de ellas, sin ruido, sin estrépito, sin una contracción que delatase dolor alguno se ofreció al nuevo reino tranquilísima y serena, como el que entra en la paz.

Hace ya mucho tiempo. Treinta y un años.

Hace treinta y un años que ha enmudecido su voz, y, sin embargo, sin ruido humano se la oye y se la siente en sus escritos, donde queda toda la enseñanza y la revelación que ha podido dejarnos. Su voz es la voz de los muertos, de los grandes maestros: esa voz que se oye y se siente en los oídos cuando pasan los ojos del discípulo y del curioso por las páginas que nos quedan de los grandes directores.

Es un tono uniforme, sin ruido, raro, que no se oye precisamente dentro del cerebro, sino más bien en el pecho, como si hubiera un oído en el corazón, así como hay un ojo en el de los tímidos, que adivinan lo que no ven los avisados.

Hay un tono de voz muy bajo, muy imperceptible, en las palabras escritas por los hombres; un tono de voz que creemos que es el tono de nuestra palabra interna y el ruido que mentalmente hacen nuestros labios en la lectura; pero ese tono es el ruido que tiene la palabra del que ha dictado las líneas que pasan bajo nuestros ojos.

No han enmudecido los muertos, ni enmudecen tampoco los que se alejan, porque queda para siempre en el ambiente la divina vibración de la palabra, se pronuncie o se escriba para extenderla entre los hombres.

El pensamiento nace con un tono imperceptible para el mundo; pero siempre bastante sonoro para el espíritu.

Los libros hablan; y escritos, hablan como las palabras habladas, como hablan las pinturas, como hablan todos los pensamientos de los hombres expresados por escrito o por señales. Ese ruido no se oye reparando en los ruidos de la vida que vocea a nuestro lado; pero se oye dentro de nosotros en la lectura y en la contemplación callada de las cosas que llamamos erróneamente mudas.

En la admiración y en el asentimiento escuchamos las verdaderas palabras, y entonces conocemos el tono del escritor y del artista.

La voz de los muertos es perceptible aún y ha de serlo más adelante todavía, mientras quede una línea de su enseñanza. Hay un ritmo interior, una armonía viva y palpitante en la palabra, en la palabra escrita, que no duerme en la cadencia y en el acento, sino dentro, más interiormente, en el último significado de la palabra: en su alma.

La verdad es una eterna poesía, y una poesía que suena y que se oye, aunque no se pronuncie en voz alta, y sólo desfile ante los ojos como una palabra escrita y pase bajo los dedos como un cuerpo.

Toda la predicación a favor del silencio es una invitación a escuchar y percibir el purísimo sonido de la verdadera palabra, del pensamiento y de las cosas. Y la palabra más baja que puede pronunciar un hombre es la más alta en que puede moverse un pensamiento, el mayor ruido de una idea que se mueve de un espíritu a otro espíritu.

El eco no es una segunda palabra, sino la misma y única palabra que se ha dicho, entrando y penetrando en lo perdurable. Es la misma palabra divinizada.

La voz del maestro suena aún y sonará siempre, porque la palabra ha sido proferida para eternizar-

*se. En los primeros instantes no se habla, después
sè murmuran algunas palabras, y las gentes se separan llevando cada una en sus oídos el recuerdo y
el eco de las palabras que se han dicho. Se dijeron
para esto, para no separarse nunca, para estar unidos, a pesar de todas las diferencias aparentes que
separan a los cuerpos.*

*Nos quedan las palabras del maestro; pero no
así, de cualquier modo, sino vivas, vibrantes, per-
ceptibles aún.*

*Leed recogidos vuestros libros, pasad la vista so-
bre sus páginas y de nuevo vivirá ante vosotros la
imagen del maestro* con su propia cara y con su
propia voz.

*Una indagación paciente nos permite conocer la
curva del estilo de los hombres. Hay palabras que
el orador y el artista, el pensador y el poeta, repiten
periódicamente de un modo casi fatal y por fuerza.
Hay letras personales, peculiares a cada escritor,
que no puede por menos que repetirlas en sus escritos; y así hay quien tiene preferencia por un estilo labial o por una guturalidad manifiesta. Hay,
en fin, una arquitectónica de las ideas, un método,
un orden especial para verter los pensamientos que
no se parecen al método y al orden que observan
los demás escritores. Pero hay, sobre todo, un tono,
un acento, una palabra verdaderamente inefable e
improferida, que se oye y se percibe en cada estilo
con un sonido personal y propio, inconfundible con
el tono y la palabra de los otros.*

Aun las voces gemelas, las voces de familia y la tónica de las razas conservan su individualidad en cada hombre.

Esta voz es la que debe escucharse. Esta voz es la que se oye aunque no se profiera exteriormente en apariencia. La palabra escrita no está muerta y silenciosa como se cree. Lo que ocurre es que está callada y no se oye cuando no pasa ante los ojos y el espíritu del discípulo; y la palabra escrita duerme en el libro conservada en la tinta, como duerme en las huellas de un disco fonográfico mientras no se la despierta para que todos la oigan.

El escrito habla alto, habla fuerte, como la voz pronunciada, y se oye como la voz; hay que poner de nuestra parte la caja vibradora e imprimir movimiento al disco, y la palabra vuelve a ser lo que ha sido cuando dicha y lo que fué cuando callaba.

El silencio no es la mudez, sino el tono más bajo de las palabras y el más fuerte de las ideas. La música misma, más que ser el arte de combinar los sonidos, es la ciencia de rimar con el silencio, con todos los silencios; y hay más arte en las notas que no oímos, que van de una nota a otra nota perceptible, que en la diferencia y en la gradación de todas las que escuchamos en una obra. El alma y el genio de Wágner, como los de Beethoven o Haydn, pasan por la armonía mental de los silencios de sus poemas, reventando en el estrépito de los sonidos.

Oímos nada más que el final de las palabras; pero hay muchas palabras en cada una. Vemos un movimiento como algo repentino y espontáneo, y no es en realidad sino el término de un proceso que ha empezado en lo infinito, que se aproxima hace siglos, millares de siglos, toda una eternidad antes de la existencia.

No es tan difícil oír el silencio lejos de la ciudad. En la soledad del campo, el silencio del mundo se nos ofrece como el eco más espiritual de todos los sonidos; y se siente, se escucha, se palpa.

Así oímos la voz de los escritos y el tono de la palabra de los maestros; así, sin haberlos oído nunca, podemos asegurar infalibles que no hablaron de este modo, ni de aquél, ni de tal otro; que su palabra era más alta o más baja, pero no así, ni de ese tono que se nos pone como ejemplo.

¿Cómo era su voz?

Su voz era como la nuestra, como es la nuestra cuando leemos en silencio un escrito. Su voz tiene el tono que sentimos interiormente cuando llegamos a la admiración y al asentimiento ante sus páginas y ante sus obras. ¿Cómo estremecernos si no las oyésemos?

La voz no muere. La voz sigue hablando y se oye en cada uno de nosotros siempre que apliquemos el oído del corazón para escucharla en el, al parecer, inefable murmurio del silencio.

Se habla para siempre y constantemente. Y la voz de la madre, de la esposa, del maestro, del amigo y del hermano nos acompañan perdurablemente en nuestra vida interior, donde siempre uno de ellos sostiene un diálogo con nosotros.

Si alguno calla en el ruido y vocerío de la existencia, "una suprema sensación de paz se apodera de nosotros, que estamos arrodillados a su lado, sabiendo que todo ha concluído". Y esa paz, que tan admirablemente ha señalado Miss I. Cooper, es la suprema atención a la última palabra del maestro.

Una palabra que aun oyen los que estaban cerca del lecho y que todos oímos y sabemos, aunque desmañados no sepamos repetirla.

¿Qué importa no haberla visto pronunciar si la oímos, si podemos oírla en nosotros siempre que la escuchemos con la pureza y el respeto que se merece?

RAFAEL URBANO.

NOTA

El presente "Idearium", de H. P. B.—es como generalmente se designa entre los teósofos a la señora Blavatsky—, se ha formado recogiendo sus enseñanzas de diferentes obras y escritos suyos, algunos de los cuales se consignan aquí abreviadamente.

"D. S."—"La Doctrina Secreta", 3 vols.

"I. s. V."—"Isis sin velo", 2 vols.

"C. d. T."—"La Clave de la Teosofía."

DOCTRINAS Y ENSEÑANZAS
T E O S Ó F I C A S

PRELIMINARES

Dice Mme. Blavatsky.

No se presentan estas verdades en manera alguna como *revelaciones,* ni pretende la autora tomar la posición de un revelador de conocimientos místicos dados a luz ahora por primera vez en la historia del mundo. Pues lo que se halla contenido en esta obra puede encontrarse esparcido en millares de volúmenes que encierran las Escrituras de las grandes religiones asiáticas y europeas primitivas, oculto bajo jeroglíficos y símbolos, y hasta la fecha inadvertido a causa de este velo. Lo que ahora pretendo es reunir los más antiguos dogmas y construir con ellos un conjunto armónico e inquebrantable.

(D. S.—I, prefc. 1.ª edic.)

H. P. BLAVATSKY

LA TEOSOFÍA.

Data el nombre *Teosofía* del siglo III de nuestra era, y los primeros que lo emplearon fueron Ammonio Saccas y sus discípulos, que fundaron el sistema Teosófico Ecléctico...

El principal objeto que se proponían los fundadores de la Escuela Ecléctica Teosófica era uno de los tres objetos de su sucesora moderna, la Sociedad Teosófica, o sea el de reconciliar bajo un sistema de ética común, basado en verdades eternas, a todas las religiones, sectas y naciones.

(C. de T.—§ I.)

LA TEOSOFÍA NO ES COSA NUEVA.

Sólo la gente ignorante puede considerarla de esta manera. En su ética y enseñanzas, si no de nombre, es tan antigua como el mundo, así como es, entre todos, el sistema más amplio y católico (universal)...

Creemos que antiguamente han existido naciones tan cultas, y con seguridad espiritualmente más "adelantadas" que lo estamos nosotros. Pero hay varias razones que motivan esa ignorancia voluntaria. Una de ellas la dió *San Pablo a los cultos Atenienses:* la falta, durante largos siglos, de verdadero conocimiento espiritual, y hasta de interés por él, debida a una inclinación exagerada a las cosas sensuales y a una larga sujeción a la letra muerta del dogma y del ritualismo.

Pero la razón principal consiste en el hecho de haberse conservado siempre secreta la verdadera Teosofía...

Las causas eran las siguientes: *Primeramente,* la *perversidad* de la naturaleza del hombre vulgar y su *egoísmo,* tendiendo siempre a la satisfacción de sus deseos *personales* en detrimento del prójimo. A semejantes seres jamás se les hubiese podido confiar secretos *divinos. En segundo término,* su *incapacidad* para conservar los conocimientos sagrados y divinos limpios de toda degradación. Esta última fué la causa de la perversión de las verdades y símbolos más sublimes y de la *transformación gradual* de las cosas espirituales en formas antropomórficas y comunes; en otras palabras, el rebajamiento de la idea divina y la idolatría.

(C. de T.—§ I.)

No es una revelación.

De ninguna manera, ni siquiera en el sentido de una revelación de algunos *seres* superiores, sobrenaturales, o, al menos, *sobrehumanos,* sino solamente en el sentido de *un "descubrimiento"* de *antiguas, muy antiguas verdades,* ante *inteligencias* hasta ahora *ignorantes de las mismas; ignorantes hasta de la existencia y conservación de tal ciencia arcaica.*

(C. de T.—§ II.)

Objetos de la Teosofía.

Los objetos de la Teosofía son varios; pero *los más importantes* de todos son aquellos que pueden contribuír al *alivio del sufrimiento humano bajo cualquier forma, tanto moral como física;* y consideramos a la primera mucho más importante que la segunda. Tiene la Teosofía que *inculcar la ética y purificar el alma, si quiere aliviar al cuerpo físico,* cuyas dolencias, salvo en casos accidentales, son *hereditarias.*

(C. de T.—§ II.)

La Doctrina Secreta.

La Doctrina Secreta fué la religión universalmente difundida del mundo antiguo y prehistórico. Las pruebas de su difusión, los anales auténticos de su historia, una serie completa de documentos que demuestran su carácter y su presencia en todos los países, juntamente con las enseñanzas de todos sus grandes adeptos, existen hasta en criptas secretas de las bibliotecas pertenecientes a la Fraternidad **Oculta.**

Esta afirmación se acredita con los hechos siguientes: la tradición de millares de pergaminos antiguos salvados cuando la Biblioteca de Alejandría fué destruida; los millares de obras sánscritas desaparecidas en la India durante el reinado de Abkar; la tradición universal, existente tanto en China como en el Japón, de que los verdaderos textos antiguos, con los comentarios, que únicamente pueden hacerlos inteligibles, y que suman muchos miles de volúmenes, hace mucho tiempo que están fuera del alcance de manos profanas; la desaparición de la vasta literatura sagrada y oculta en Babilonia; la pérdida de las claves que, solas, podrían resolver los mil enigmas contenidos en los jeroglíficos egipcios; la tradición existente en la India de que los verdaderos comentarios secretos, únicos, que pueden hacer inteligibles los *Vedas*, aunque no son visibles para los profanos, están a disposición del Iniciado, escondidos en cuevas y criptas secretas, y la idéntica creencia de los buddhistas, por lo que hace a sus libros sagrados.

Los ocultistas afirman que todo esto existe, seguro de la expoliación de manos occidentales, para reaparecer en una época más ilustrada, por la cual, según las palabras del difunto Swami Dayanand Saravasti, los "mlechchhas"—proscriptos salvajes, aquellos que se hallan fueran de la civilización—, tendrán que esperar todavía.

No es culpa de los Iniciados que tales documentos estén hoy "perdidos" para el profano, ni ha sido su conducta aconsejada por el egoísmo o por deseo alguno de monopolizar el sagrado saber que da la vida. Algunas partes de la Ciencia Secreta debían permanecer ocultas a los profanos durante edades sin cuento; mas esto era debido a que el comunicar a la multitud secretos de una importancia tan enorme sin estar preparada para ello, hubiera sido equivalente a entregar una vela encendida a un vivo y meterle en un polvorín.

(D. S.—I. *Introduc.*)

Lo que en tono de desprecio ha sido denominado Paganismo, era antigua sabiduría repleta de Divinidad; y el Judaísmo, con sus descendientes el Cristianismo y el Islamismo, todo cuanto tienen de inspirado lo han adquirido de su étnico padre. El Brahmanismo prevédico y el Buddhismo son la doble fuente de la cual todas las religiones han brotado; el Nirvana es el Océano al cual todas tienden.

Para los fines de un análisis filosófico no necesitamos tener en cuenta las enormidades que han ennegrecido el recuerdo de muchas de las religiones del mundo. La verdadera fe es la encarnación de la caridad divina; los que ejercen de ministros en sus altares no son más que humanos. Al volver las sangrientas páginas de la historia eclesiástica notamos que, cualquiera que haya sido el protagonista, y cualesquiera que hayan sido los trajes llevados por los actores, el plan de la tragedia ha sido siempre el mismo. Pero la Eterna Noche reinaba en todo y detrás de todo, y nosotros pasamos de lo que vemos a lo que es invisible a los ojos de los sentidos. Nuestro ferviente deseo ha sido el hacer ver a las almas sinceras cómo pueden correr hacia un lado la cortina, y en medio del resplandor de aquella Noche convertida en Día, contemplar con mirada serena la VERDAD SIN VELO.

(I. S. V. II, final)

LA RELIGIÓN DE LA SABIDURÍA.

"La religión de la Sabiduría" era una en la antigüedad, y la identidad de la filosofía religiosa primitiva nos la prueban las idénticas doctrinas enseñadas a los Iniciados durante los MISTERIOS, institución universalmente difundida en otros tiempos: "Todos los cultos antiguos demuestran la existencia de una sola Teosofía anterior a los mismos. La clave que ha de explicar uno de ellos ha de explicarlos todos; de otro modo no podría ser la verdadera..."

La religión de la Sabiduría fué siempre una y la misma, y siendo la última palabra del conocimiento humano posible, fué cuidadosamente conservada. Existía edades antes de los Teosofistas Alejandrinos, alcanzó a los modernos y sobrevivirá a todas las demás religiones y filosofías.

(C. de T.—§ I.)

¿Por quiénes y dónde fué conservada?

La innegable existencia de grandes Iniciados —verdaderos "Hijos de Dios"— demuestra que tal sabiduría ha sido alcanzada a menudo por individuos aislados; jamás, sin embargo, sin la dirección de un Maestro.

Pero muchos de los discípulos, convertidos a su vez en instructores, han reducido la universalidad de las enseñanzas a la medida de sus propios dogmas sectarios. Los mandamientos de un solo Maestro elegido fueron adoptados y seguidos, con exclusión de todos los demás (si es que fueron seguidos, téngase esto en cuenta, como sucede con el Sermón de la Montaña). Cada religión es, por lo tanto, un fragmento de la verdad divina, que alumbra un vasto panorama de la humana fantasía y pretende representar y reemplazar a aquella verdad.

(C. de T.—§ IV.)

Entre los Iniciados de cada nación; entre los profundos investigadores de la verdad, sus discípulos; y en aquellas partes del mundo en donde estas materias fueron siempre más apreciadas e investigadas, en la India, el Asia Central y Persia...

La mejor prueba que podéis tener consiste en el hecho de que cada culto religioso o, mejor dicho, filosófico antiguo comprendía una enseñanza esotérica o secreta y un culto exotérico (público). Es además un hecho bien sabido que los misterios de los antiguos consistían en "Mayores" (secretos) y "Menores" (públicos), como en las solemnidades famosas llamadas *en Grecia Eleusinas.* Desde los Hierofantes de Samotracia, *Egipto, los Brahmanes* iniciados de la India Antigua, hasta los *Rabinos hebreos,* todos, por temor a la profanación, ocultaron sus verdaderas creencias. Llamaban los Rabinos hebreos a sus series religiosas seculares *la Mercavah (o cuerpo exterior), "*el vehículo" o *la cubierta que oculta el alma,* es decir, a su Ciencia Secreta más elevada. Jamás en la antigüedad divulgó nación alguna, por conducto de sus sacerdotes, sus verdaderos secretos filosóficos a las masas, dando sólo a éstas la parte exterior de los mismos. *El Buddhismo del Norte* tiene sus "vehículos" "mayores" y "menores", conocidos bajo el nombre de *Mahayana* el esotérico, y de *Hinayana* el exotérico, que son dos Escuelas. No se les debe censurar por el secreto guardado, pues seguramente a nadie se le ocurriría dar en pasto a un rebaño de ovejas disertaciones científicas eruditas sobre Botánica en vez de hierba. *Pitágoras* denominaba a su *Gnosis* "el conocimiento de las cosas que son" o "hé gnosis ton ontos", y reservaba esos conocimientos sólo para sus discípulos, que habían jurado guardar el secreto; para aquellos que podían asimilarse ese alimento mental y hallar en él satisfacción, a los que juramentaba para guardar el secreto y el silencio.

Los alfabetos ocultos y las cifras secretas son el desarrollo de los antiguos escritos *hieráticos egipcios,* cuyo secreto estaba antiguamente en poder de los Hierogramatistas, sacerdotes egipcios iniciados. Según nos dicen sus biógrafos, *Ammonio Saccas* juramentaba a sus discípulos para que no divulgasen *sus doctrinas superiores,* excepto a aquellos que ya habían sido instruídos en los conocimientos preliminares, y que también estaban ligados por juramento.

(C. de T.—§ I.)

EL COSMOS

CREACIÓN, NO; EVOLUCIÓN, SÍ.

No creemos en la *creación*, sino en las apariciones periódicas y consecutivas del Universo, desde el plano subjetivo del ser al objetivo, en intervalos regulares de tiempo, cubriendo períodos de inmensa duración...

Ahora bien; imaginaos, si podéis, en vez de un año solar de trescientos sesenta y cinco días, la ETERNIDAD; que el Sol representa al Universo, y los días y noches polares de seis meses *son días y noches que duran ciento ochenta y dos trillones o cuatrillones de años* en vez de ciento ochenta y dos días cada uno. Así como sale el Sol cada mañana de su espacio *subjetivo* (para nosotros) y antipódico en nuestro horizonte *objetivo*, del mismo modo surge periódicamente el Universo en el plano de la objetividad, procediendo del de la subjetividad—los antípodas del primero—. Tal es el "Ciclo de Vida"; y de igual modo que desaparece de nuestro horizonte el Sol, desaparece en períodos regulares el Universo cuando comienza la "noche universal". Los indios llaman a esas alternativas los Días y Noches de Brahama o el tiempo del *Manvántara* y el del *Pralaya* (disolución). Pueden los Occidentales llamarlas, si así lo prefieren, Días y Noches Universales. Durante las últimas (las noches) *Todo está en Todo;* cada átomo es reabsorbido en la Homogeneidad.

Nadie lo crea. La ciencia llamaría al proceso evolución; los filósofos precristianos y los orientalistas lo llamaban emanación; nosotros, ocultistas y teosofistas, vemos en ello la única *realidad* universal y eterna, que proyecta un reflejo periódico de *sí misma* en las profundidades infinitas del Espacio. Ese reflejo que consideráis como el Universo objetivo *material,* lo miramos nosotros como una *ilusión* pasajera y nada más. Sólo lo que es eterno es *real...*

Sea por radiación o emanación—no disputemos sobre los términos—, el Universo pasa de su subjetividad homogénea al primer plano de manifestación, existiendo, según se nos enseña, siete de estos últimos; se va haciendo más material y denso en cada plano, hasta que alcanza a éste, el nuestro, en el cual el único mundo aproximadamente conocido y comprendido en su composición física por la Ciencia es el sistema planetario o solar. sistema *sui generis,* conforme se nos dice.

(C. de T.—§ VI.)

La ciencia moderna insiste en la doctrina de la evolución; lo mismo hacen la razón humana y la "doctrina secreta", viniendo esta idea corroborada por las antiguas leyendas y mitos, y hasta por la misma Biblia cuando se la lee entre líneas. Vemos una flor desarrollarse lentamente de un capullo y éste de una semilla. Pero ¿de dónde procede esta última con todo su premeditado programa de transformaciones físicas y sus invisibles y, por lo tanto, *espirituales fuerzas,* que desarrollan gradualmente su forma, sus matices y su aroma? La palabra *evolución* habla por sí misma. El germen de la raza humana actual debe haber preexistido en el padre de esta raza, de igual modo que la semilla, en la cual existe escondida la flor del próximo verano, se desarrolla en la cápsula de su padre-flor; el padre podrá diferenciarse ligeramente, pero siempre será distinto de su progenie futura. Los antecesores antediluvianos de nuestros elefantes y lagartos eran quizás el mammouth y el plesiosauro; ¿por qué no pueden haber sido los antecesores de nuestra raza humana los gigantes de que hablan los *Vedas,* el *Völuspa* y el libro del *Génesis?* Al paso que es positivamente absurdo creer en la "transformación de las especies", desde algunos de los puntos de mira más materialistas de los evolucionistas, es muy natural el pensar que cada género, empezando por los moluscos y terminando por el hombre-mono, ha sufrido una variación desde su forma propia primordial y distintiva. Aun suponiendo que con-

cedemos "que los animales han descendido sólo de
cuatro o cinco progenitores", y hasta que en rigor
"todos los seres orgánicos que han vivido igualmente en *esta tierra* han descendido de una forma
primordial"; a pesar de todo, nadie más que un materialista empedernido y ciego, o una persona completamente desprovista de intuición, puede esperar
seriamente ver "en el porvenir remoto... una psicología fundada sobre una nueva base, la de la necesaria adquisición, por grados, de cada uno de los
poderes y facultades mentales".

El hombre físico, como producto de la evolución,
puede ser dejado en manos del hombre de ciencia
exacta. Nadie más que él podrá arrojar alguna luz
sobre el origen físico de la raza; pero nosotros debemos negar al materialista el mismo privilegio en
lo que se refiere a la evolución psíquica y espiritual del hombre, porque *no puede* probarse hasta
una evidencia completa que él y sus más elevadas
facultades sean tan productos de la evolución como
la planta más humilde o el gusano más miserable.
(I. S. V.—I. Cap. V.)

EL SEPTENARIO SUPREMO.

1.º Todas las cosas en el Universo metafísico
y en el físico son septenarias. De aquí que cada
cuerpo sideral, a cada planeta, ya visible o invisible, se le atribuyan seis globos compañeros. La evolución de la vida procede en estos siete globos o

cuerpos, desde el primero al séptimo, en siete rondas o siete ciclos.

2.º Estos globos se forman por un proceso que los ocultistas llaman "el renacimiento de las cadenas planetarias o anillos". Cuando uno de tales anillos ha entrado en la séptima y última ronda, el globo primero o más elevado, seguido por todos los otros hasta el último, en lugar de entrar en cierto período de reposo o de obscuridad, como en sus rondas precedentes, comienza a morir. La disolución planetaria (*pralaya*) se halla próxima; su hora ha sonado; cada globo tiene que transferir su vida y su energía a otro planeta.

3.º Nuestra Tierra, como el representante visible de sus globos, compañeros invisibles y superiores, sus "Señores" o "Principios", tiene que vivir lo mismo que los demás durante siete rondas. Durante las tres primeras se forma y se consolida; durante la cuarta se asienta y endurece; durante las tres últimas vuelve gradualmente a su primer forma etérea; se espiritualiza, por decirlo así.

4.º Su humanidad se desenvuelve por completo tan sólo durante la cuarta ronda: la presente.

(D. S.—I. Estancia VI.)

MISTERIO DEL NÚMERO SIETE.

Todos los sistemas de misticismo religioso están basados en guarismos. Según Pitágoras, la Monas o unidad, emanando la duada, y formando así la trinidad, y el cuaternario o Arba-il (el místico cuatro), constituye el número siete. El carácter sagrado de los números principia con el gran Primero—UNO, y sólo termina con el nada o cero—símbolo del infinito e ilimitado círculo que representa el Universo. Todas las cifras intermedias, sea cual fuere su combinación o multiplicación, representan ideas filosóficas, desde sus más indefinidos hasta el axioma científico definitivamente comprobado referente a un hecho moral o físico de la Naturaleza. Son una clave para las antiguas opiniones acerca de la cosmogonía, en su sentido general, incluyendo al hombre y demás seres, y a la evolución de la raza humana tanto espiritual como física.

El número *siete* es indudablemente de origen Indo, y es el más sagrado de todos. Todas las cosas importantes eran calculadas y adaptadas a este número por los filósofos arios, así las ideas como las localidades. Así es que tienen ellos los

Sapta-Rishis, o siete sabios, simbolizando a las siete primitivas razas diluvianas (post-diluvianas como algunos dicen).

Sapta-Soka, los siete mundos inferiores y superiores, de donde cada uno de estos *Rishis* han procedido, y adonde han vuelto gloriosos antes de alcanzar la felicidad final de Moksha.

Sapta-Kula, o siete castas, los Brahamanes pretenden ser los descendientes directos de la más elevada de ellas.

Hay además, Sapta-Pura (las siete ciudades santas): Sapta-Duipa (las siete santas islas); Sapta-Samudra (los siete santos mares); Sapta-Parrata (las siete montañas santas); Sapta Arania (los siete desiertos); Sapta-Uruksha (los siete árboles sagrados), y así sucesivamente.

En la magia Caldeo-Babilónica, este número reaparece una y otra vez de un modo tan preeminente como entre los indos. Este número es *doble* en sus atributos; esto es, benéfico en uno de sus aspectos, se convierte en maléfico bajo otras condiciones...

Es muy natural que busquemos el significado de este número en la filosofía *pagana,* el cual reaparece también en el Cristianismo, en sus *siete* sacramentos, sus *siete* iglesias en el Asia Menor, sus *siete* pecados capitales, sus *siete* virtudes (cuatro cardinales y tres teologales), etc.

¿Tienen acaso los siete colores prismáticos del arco iris visto por Noel algún otro significado que no sea el de una alianza entre Dios y el hombre para refrescar la memoria del primero? Para el cabalista, a lo menos, tienen una significación inseparable de las siete prácticas de la magia, de las siete esferas superiores, de las siete notas de la escala musical, de los siete guarismos de Pitágoras, de las siete maravillas del mundo, de las siete épocas y hasta de los siete pasos de los masones, que conducen al Santo de los Santos, después de haber pasado los vuelos de *tres* y *cinco.*

¿De dónde procede, pues, la identidad de estos

enigmáticos guarismos que reaparecen constantemente y que se encuentran en cada página de las
Escrituras indas, del mismo modo que en cada oda
y sloka de los libros buddhistas y brahmánicos? ¿De
dónde proceden estos guarismos, que son el alma del
pensamiento pitagórico y platónico, y cuyo origen
ningún orientalista ni estudiante bíblico no iluminado ha sido jamás capaz de sondear? Y, sin embargo, tienen clave a mano; sólo les falta saber hacer
uso de ella...

(I. S. V.—II, cap. IX.)

El Universo y nuestro sistema.

La concepción teosófica del Universo y de nuestro sistema, en pugna con todo lo que se enseña
en los tratados de Astronomía, Geología, Geogra-
fía, etc., etc., ha recibido diferentes exposiciones
por los teosofistas desde Mme. Blavatsky a Rodolfo
Steiner, por ejemplo. Pero hay que confesar pala-
dinamente, rindiéndose a la evidencia, que ningún
conocimiento humano ha sido expuesto con menos
habilidad y de un modo menos amable y enojoso.

Mme. Blavatsky ha trazado en diferentes escritos esa cosmología; pero de un modo fragmen-
tario y nada popular, por otra parte.

La mejor exposición y la más autorizada por
ella misma es la que se encuentra en el *Buddhismo
Esotérico*, de A. P. Sinnett, que notando a su vez
la incomprensión del público al llegar a ese extre-

mo, dió en 1896 una conferencia sobre el particular, de la que extractamos algunos párrafos en razón de la claridad relativa que ponen en esta cuestión y teniendo en cuenta que en ellos están las enseñanzas y doctrinas de Mme. Blavatsky.

"El mundo en que vivimos no puede ser bien comprendido sin poseer algún dato referente a la entera cadena planetaria, de la que es un eslabón; y las manifestaciones cíclicas sucesivas, a través de las cuales pasa esta cadena, no pueden ser discutidas o analizadas sin relacionarlas con el plan general—hasta donde lleguen nuestras posibilidades para hacerlo—de todo el sistema solar al cual pertenecemos.

El sistema solar es indudablemente un área en la Naturaleza, cuyo contenido, nadie excepto los más elevados seres a quienes nuestra humanidad puede concebir, se halla en situación de poder investigar...

"El sistema solar incluye siete grandes esquemas de evolución planetaria, en cada uno de los cuales existen mundos, uno o más pertenecientes al plano físico...

"Cada esquema de evolución consta de una serie de siete manvántaras o días de Brahma; esto es, de 4.320 millones de años solares por siete. Cada manv'ntara incluye un proceso evolucionario análogo al que en las enseñanzas teosóficas se describe como las siete rondas de nuestra cadena planetaria. Como que cada ronda constituye un período mundano de actividad en cada planeta por turno de la misma cadena, y como que cada uno de estos períodos mundanos está dividido en siete grandes ciclos distintos, podemos conseguir una idea de la relativa magnitud de un período de raza—como el que se discutió últimamente con alguna extensión en esta logia referente a la raza Atlante—comparado con todo el sistema al cual pertenecemos, si consideramos bien la siguiente progresión:

Siete períodos, comprendiendo cada uno de ellos una raza raíz, forman un período mundano.

Siete períodos mundanos—sucediéndose éstos progresivamente uno tras otro como diferentes planetas—, una ronda.

Siete rondas, un manvántara.

Siete manvántaras, un esquema de evolución.

Siete esquemas de evolución (más o menos contemporáneas en su actividad), el sistema solar."

Más claramente:

La evolución no es una acción exclusiva de la Tierra. El movimiento evolutivo, así físico como anímico, que observamos, es el resultado de *evoluciones anteriores*.

La evolución en la Tierra, en cuanto afecta a los hombres, animales, vegetales y minerales, procede de la evolución *de otros planetas*.

No hay que extrañarse de ello, porque la Tierra

no es más que como *un anillo, un eslabón* de la cadena de los mundos, donde la evolución se efectúa.

Sobre un globo solo la Naturaleza no podría efectuar su carrera y, por los procedimientos que emplea, llegar desde el caos al hombre. Esa obra se efectúa mediante el concurso de siete globos. Globos o Tierras, que no están separados, sino íntimamente unidos por corrientes sutiles.

Un mundo sale de las entrañas de lo Absoluto para volver a él después de correr siete grandes esquemas de la evolución bajo la forma de un planeta o de una Tierra. Llamando A, B, C, D, E, F y G a esos siete mundos, tenemos que siendo distintos entre sí en la característica de su proporción entre el espíritu y la materia, el mundo D, que se encuentra en el centro de ese ciclo, después de la caída de los tres anteriores y antes de la ascensión para volver a lo Absoluto, es el que tiene en perfecto equilibrio los dos factores irreductibles de materia y espíritu.

En esa cadena se ha empezado con tendencia material, que se ha ido equilibrando con el espíritu al llegar al mundo D o cuarto, y que desde entonces será más espiritual, como antes lo fué material.

La evolución se repite en cada mundo, y en cada uno se efectúan siete vueltas sobre sí mismo, siendo cada uno, en pequeño, un reflejo de la acción y vida de la cadena planetaria.

"El hombre evoluciona en una serie de rondas (progresiones alrededor de la serie de mundos), y

siete vueltas tienen que verificarse antes de que los
destinos de nuestro sistema se cumplan La ronda
en que nos encontramos actualmente es la cuarta.
Existen consideraciones del más elevado interés re-
lacionadas con precisos conocimientos acerca de estos puntos, puesto que cada ronda está especialmente destinada a la preponderancia de uno de los
siete principios del hombre (1) y en el orden de su
gradación ascendente..."

Ahora bien; los que vivimos actualmente en esta
Tierra, esto es, la gran masa de la humanidad, pues
existen casos excepcionales, nos hallamos en la quinta raza de nuestra presente cuarta ronda...

Cada raza de las siete que constituyen una ronda está también sujeta a subdivisiones...

La historia de la Tierra, que constituye una
rama de la ciencia esotérica, comprende los inci-
dentes de la cuarta raza, que precedió a la nuestra, y todos los de la tercera, que precedió a aqué-
lla. Es cierto que va todavía más atrás; pero ni
la segunda ni la primera raza desarrollaron nada
a lo que pueda darse el nombre de civilización y,
por lo tanto, hay menos que decir acerca de ellas
que acerca de las que les sucedieron. La tercera y
la cuarta sí las desarrollaron, por más extraño que

---

(1) Véase, más adelante, *Los siete principios* en EL
HOMBRE.

parezca a algunos de nuestros lectores la noción de civilización en la Tierra varios millones de años hace...

La región propia de la cuarta raza... con aquel continente, del cual algún recuerdo ha sido conservado hasta en la literatura exotérica: la desaparecida Atlántida...

(A. P. SINNETT.—*El Buddhismo esotérico*, capítulo IV.)

LA LUNA.

En los comienzos de la evolución de nuestro globo, la Luna era mayor que ahora y estaba más cerca de la Tierra. Se ha alejado de nosotros y disminuído de volumen.

(D. S.—III. *Apéndices.*)

LAS RAZAS HUMANAS.

Hemos visto ya que una de las tradiciones universales aceptadas por todos los pueblos antiguos es la que han existido muchas razas de hombres anteriores a las de nuestros días. Cada una de ellas era distinta de la que le precedía y cada una de ellas desaparecía al aparecer la siguiente. En el *Manú* se mencionan claramente seis razas que se habían sucedido una a otra.

(I. S. V.—I, cap. XV.)

Al término de la próxima ronda la humanidad

volverá a ser andrógina, y entonces tendrá cada individuo dos columnas vertebrales, que en la séptima raza se fundirán en una. La evolución está en correspondencia con las razas, y con la evolución de las razas el gran simpático se transformará en una verdadera espina dorsal. Hemos de subir por el arco ascendente, así como bajamos por el descendente, pero con el aditamento de la conciencia. La sexta raza se corresponderá con los "sacos de carne", pero con perfección de forma y más elevada inteligencia y espiritualidad.

(Notas a los Opúsculos.)

¿QUÉ PRUEBA HAY DE ESTO?

Lo que la ciencia, en general, jamas querrá aceptar como prueba: los testimonios acumulados de una serie interminable de Videntes que lo han atestiguado. Sus visiones espirituales, sus exploraciones reales a través de los sentidos psíquicos y espirituales, desembarazados de la materia ciega, fueron regularizadas, sistemáticamente, comparadas unas con otras, y su naturaleza analizada e investigada. Todo aquello que no era corroborado por una experiencia unánime y colectiva era desechado; y sólo era aceptado como verdad establecida lo que en varias edades, bajo diferentes climas y después de un sinnúmero de observaciones incesantes, resultaba exacto y era constantemente comprobado. Los métodos empleados por nuestros discípulos y estudian tes de las ciencias psicoespirituales no difieren, como veis, de los que emplean los de las ciencias naturales y físicas. Sólo que se hallan nuestros campos de indagación en dos diferentes planos, y no son construidos nuestros instrumentos por manos humanas, por cuya razón son quizá más de fiar. Las retortas y microscopios del químico y del naturalista pueden descomponerse; el telescopio y los instrumentos horológicos del astrónomo pueden estropearse; pero nuestros instrumentos de análisis escapan a la influencia de los elementos o de la atmósfera.

(C. de T.—§ VI.)

COSMOLOGÍA OCULTA.

La Doctrina Secreta divide el eterno *Kosmos,* el Macrocosmos (análogo en la división al hombre o Microcosmos), en tres principios y cuatro vehículos, que en suma constituyen los siete principios. En las Kábalas caldea y egipcia el Cosmos se divide en siete mundos, a saber: Original, Inteligible, Celestial, Elemental, Menor (astral), Infernal (komaloka) y Temporal (humana). Según el sistema caldeo, los siete de la Presencia o Sephirots aparecen en el Mundo Inteligible. Son los "Constructores" de que habla la doctrina oriental, los que en el Tercer Mundo, o Mundo Celestial, construyeron los siete planetas de nuestro sistema solar, por lo que también se les llama "ángeles planetarios", cuyos cuerpos visibles son los planetas. De aquí que, si bien el Universo fué formado de la substancia etérea y única, no le dió forma la Absoluta Deidad, sino los rayos primarios, los ángeles o dhyanes-choanes emanados del Único Elemento, que en alternativas de Luz y Tinieblas permanece eternamente en su raíz como desconocida y sin embargo, existente realidad.

(D. S.—III, § XXII.)

La Doctrina Secreta nos enseña que el verdadero creador del Kosmos, así como de toda la naturaleza visible (pero no de las invisibles huestes de espíritus no venidos aún al "ciclo de la necesidad o de la evolución"), es la "Hueste Operante", el "Ejército", que colectivamente implica "unidad en la variedad".

Lo Absoluto es infinito e incondicionado, y no puede crear porque no cabe en él relación alguna con lo condicionado y finito. Si todo cuanto vemos, desde los soles esplendentes y los majestuosos planetas hasta las briznas de hierba y las partículas de polvo, hubiese sido creado por la Perfección absoluta y fuera obra directa de la "primaria" Energía procedente de Aquél, entonces todas las cosas serían tan perfectas, eternas e incondicionadas como su Autor. Los millones de obras imperfectas que encontramos en la Naturaleza acreditan indiscutiblemente que son producto de seres finitos y condicionados, aunque se llamen chyanes-choanes o arcángeles. En conclusión: esas obras imperfectas son el resultado incompleto de la evolución bajo la guía de dioses imperfectos. El *Zohar* corrobora esta idea con tanta fuerza como la Doctrina Secreta, pues habla de los auxiliares del "Viejo de los días" y les llama *Aufanimes* o ruedas vivientes de los mundos celestes, que tomaron parte en la creación del Universo.

El Creador no es lo Absoluto incondicionado, ni siquiera su reflejo, sino la "victe dioses", los "constructores" que con la materia eterna moldean el Universo y lo vivifican en objetiva vida, reflejando en él la "Unica Realidad".

Crearon, o mejor, formaron el Universo los seres que constituyen la "hueste de Dios", y a los que la Doctrina Secreta llama *dhyanes-choanes;* los indos, *prajapatis;* los cabalistas, *sephirotes;* los buddhistas, *devas;* los mazdeístas, *amshaspendas,* y los cristianos, *espíritus de presencia.*

Conviene advertir que mientras para los místicos cristianos la creación es obra de los "dioses de Dios", para los cristianos dogmáticos el Creador es el "Dios de los dioses y Señor de señores".

Según los israelitas, Jehovah es el Dios superior a todos los dioses.

(D. S.—III § XXII.)

D i o s .

Rechazamos la idea de un Dios personal o extracósmico y antropomórfico, que sólo es la sombra gigantesca *del hombre,* y ni siquiera del mejor. Decimos y probamos que el Dios de la teología es un conjunto de contradicciones y una imposibilidad lógica. Por lo tanto, no tenemos nada que ver con él...

Cuando hablamos de la Deidad y la identificamos con la Naturaleza, haciéndola, por lo tanto, contemporánea de la misma, *nos referimos a la naturaleza eterna e increada,* y no a vuestro agregado de sombras pasajeras e imaginarias ilusiones. Dejamos para los fabricantes de himnos el considerar al cielo visible, o paraíso, como el Trono de Dios, y a nuestra tierra de fango como su escabel. Nuestra Deidad no se encuentra ni en un paraíso ni en un árbol especial, edificio o montaña: está en todas partes, en cada átomo del Cosmos, tanto visible como invisible, dentro, encima y alrededor de cada átomo invisible y molécula divisible; porque ELLO es aquel misterioso poder de la evolución e involución, la potencialidad creadora, omnipresente, omnipotente y hasta omnisciente...

En una palabra, nuestra Deidad es la eterna constructora del Universo; no creando, sino evolucionando incesantemente, *surgiendo el Universo* de su propia esencia, sin ser *creado.* En su simbolismo, es una esfera sin límites, con un atributo único eternamente activo, que abarca a todos los demás atributos existentes e imaginables: ELLO MISMO. Es la ley única dando impulso a las leyes manifestadas, eternas e inmutables, dentro de esa LEY que jamás se manifiesta porque es absoluta, y que durante sus períodos de manifestación es *Lo Eternamente Volviendo a Ser, el eterno Devenir.*

(C. de T.—§ V.)

La idea de Dios que el hombre tiene es la luz deslumbradora que él ve reflejada en el cóncavo espejo de su propia alma, y en verdad esta imagen no es en realidad la de Dios, es sólo su reflejo. Su gloria está allí; pero lo que el hombre ve es la luz de su propio espíritu, y es todo lo más que él puede ver. *Cuanto más límpido sea el espejo, más resplandeciente será la imagen divina.* Pero el mundo exterior no puede permanecer presente en el mismo momento. Para el extático Yogui, para el Profeta iluminado, el espíritu brilla como el sol del mediodía; para la viciada víctima de la atracción terrena, el resplandor ha desaparecido, porque el espejo está empañado por el aliento grosero de la materia. Tales hombres reniegan de su Dios, y quisieran de un golpe privar a la Humanidad del alma.

(I. S. V.—*Introducción.*)

Esta doctrina de que Dios es la inteligencia universal difundida en todas las cosas se encuentra en el fondo de todas las antiguas filosofías. Los principios del Buddhismo, que nunca pueden ser mejor comprendidos como cuando se estudia la filosofía pitagórica—su fiel reflejo—, derivan de esta fuente, lo mismo que la religión Brahmánica y que el primitivo Cristianismo. El proceso purificador de las transmigraciones, la metempsicosis, por más que posteriormente haya sido groseramente antropomorfizada del modo más grosero, debe ser considerada únicamente como una doctrina suplementaria, desfigurada por los sofismas teológicos con el objeto de subyugar firmemente a los fieles por medio de una superstición popular. Ni Gotama Buddha ni Pitágoras pretendieron enseñar *literalmente* esta alegoría puramente metafísica; esotéricamente, está explicada en el "Misterio" del Kounboum, y se relaciona con las peregrinaciones espirituales del alma humana. No es en la letra muerta de la sagrada literatura búddhica en donde los eruditos pueden esperar encontrar la verdadera solución de estas sutilezas metafísicas. Estas últimas abruman el poder del pensamiento por la inconcebible profundidad de su sentido, y el investigador no está nunca más lejos de la verdad que cuando se figura estar más próximo a descubrirla. El conocimiento de cada una de las doctrinas del asombroso sistema búddhico puede únicamente ser obtenido procediendo estrictamente según el método pitagórico y platónico, o sea descendiendo de lo universal a lo particular. La clave de esto se halla en los refinados y místicos principios del influjo espiritual de vida divina. "Todo aquel que desconozca mi ley—dice Buddha—y muera en tal estado, debe volver a la tierra hasta que se convierta en un perfecto samano. Para lograr este objeto, debe destruír dentro de sí mismo la trinidad de *Maya*. Debe extinguir sus pasiones, unirse e identificarse con *la ley* (las enseñanzas de la doctrina secreta), y comprender la religión de la *anihilación*."

(I. S. V.—I, cap. VIII.)

DIOSES Y CUERPOS CELESTES.

Para demostrar que los antiguos nunca consideraron las estrellas como dioses o ángeles ni al Sol, como el Dios supremo, sino que adoraron el espíritu de todas las cosas y reverenciaron a los dioses menores que suponían existentes en el Sol y en los planetas, conviene exponer la diferencia entre ambas clases de adoración.

No hay que confundir a Saturno, "el padre de los dioses", con el planeta del mismo nombre que tiene ocho satélites y tres anillos. Ambos se han de separar en lo concerniente a la adoración, aunque bajo cierto aspecto sean idénticos, como lo son en cierto modo el hombre físico y su alma. Esta distinción ha de establecerse con mayor cuidado en el caso de los siete planetas y sus espíritus, a quienes la Doctrina Secreta atribuye la formación de nuestro sistema planetario. Análoga diferencia se ha de demostrar también entre las estrellas de la Osa Mayor, el Riksha y el Chitra Shikhandina o "crestas brillantes" y los sishis o sabios que aparecieron en la Tierra durante el Satya yuga.

Algunas razones deben existir para que las opi-

niones y profecías de los videntes de toda época,
incluso los bíblicos, estén tan íntimamente relacio-
nadas con las verdades ocultas. No es necesario re-
montarse a lejanos períodos de "superstición y fan-
tasías anticientíficas" para encontrar en la Edad
Moderna hombres eminentes que asistieron a los va-
ticinios de los antiguos profetas y a las enseñanzas
de los iniciados. Sabido es que el insigne Kepler y
otros de su valía creyeron en la influencia adversa
o favorable de los astros sobre el destino de los hombres y los pueblos; así, que tenían alma pensante y
viva.

(D. S.—III, § XXXVII.)

LA EVOLUCIÓN ETERNA.

La doctrina exotérica, como el Buddhismo y el
Brahmanismo, y como también la perseguida *Kábala,*
enseña que la esencia infinita y desconocida existe
desde toda la eternidad, y que con sucesiones regulares y armónicas, es por turno activa y pasiva. En
la fraseología poética de Manú, estas condiciones
son llamadas el "día" y la "noche" de Brahma. Este
último está bien "despierto" o "dormido". Los
svâbhâvikkas o filósofos pertenecientes a la más antigua escuela del Buddhismo (la que todavía existe
en Nepal) especulan sólo acerca de la condición activa de esta "Esencia", a la cual llaman Svabhâvât,
y consideran como una locura el teorizar acerca del
poder abstracto e incognoscible en su condición pa-

siva. De aquí el que sean llamados ateos, tanto por la teología cristiana como por los sabios modernos; porque ni la una ni los otros son capaces de comprender la lógica profunda de su filosofía. La primera no quiere admitir otro Dios que los poderes *secundarios* personificados que han construido ciegamente el Universo visible, y que entre ellos se convirtió en el Dios antropomórfico de los cristianos—el Jehovah, rugiendo en medio de truenos y rayos. A su vez, la ciencia racionalista saluda a los buddhistas y a los svâbhâvicas, como a los *positivistas* de las épocas arcaicas. Si solamente consideramos uno de los aspectos de la filosofía de estos últimos, pueden tener razón nuestros materialistas. Los buddhistas sostienen que no existe ningún creador, sino una inmensidad de *poderes creadores*, que forman colectivamente la única substancia eterna, cuya *esencia* es inescrutable—y, por lo tanto, no está sujeta a especulación por parte de ningún verdadero filósofo. Sócrates rehusaba constantemente argüir acerca del misterio del ser universal, y no obstante nadie pensó en acusarle de ateísmo, más que aquellos que estaban dispuestos a destruirle. Al inaugurar un período activo, dice la *Doctrina Secreta*, tiene lugar una expansión de esta Divina esencia, *de dentro hacia afuera*, obedeciendo a la ley eterna e inmutable, y el Universo fenomenal o visible es el resultado acabado de la larga cadena de fuerzas cósmicas, puestas así progresivamente en movimiento. Del mismo modo, cuando se cumple la condición pasiva, tiene lugar una contracción de la Esencia Divina, y la obra previa de la Creación se deshace de una manera gradual y progresiva. El Universo visible se desintegra, sus materiales se dispersan y las "tinieblas" solitarias se cobijan una vez más por encima del recinto del "abismo". Empleando una metáfora que presentará la idea de una manera todavía más clara, diremos que una espiración de la "ciencia desconocida" da origen al mundo, y que una inhalación lo hace desaparecer. *Este proceso ha venido verificándose desde toda la eternidad, y nuestro Universo presente no es más que uno entre una infinidad de series que no han tenido principio y que no tendrá fin.*

(I. S. V.—II, cap. VI.)

EL HOMBRE

Todos los hombres tienen espiritual y físicamente el mismo origen, lo que constituye la doctrina fundamental de la Teosofía. Y teniendo la Humanidad una misma y única esencia, y siendo esa esencia una—infinita, increada y eterna, ya la llamemos Dios o Naturaleza—, nada, por lo tanto, puede afectar a una nación o a un hombre sin afectar a todas las demás naciones y a todos los demás hombres. Tan cierto y obvio es esto, como el que una piedra tirada en un estanque pondrá en movimiento pronto o tarde toda gota de agua en él contenida...

La identidad de nuestro origen físico no alcanza ni estimula nuestros sentimientos más elevados y profundos. Privada de su alma y espíritu o de su esencia divina, la materia no puede hablar al corazón humano. Pero una vez probada y grabada profundamente en nuestros corazones la identidad del alma y del espíritu del hombre real, inmortal, según

nos enseña la Teosofía, esto nos conducirá lejos en
el camino de la verdadera caridad y buen deseo fra-
ternales.

(C. de T.—§ III.)

Toda la teoría darwiniana de la selección natural está incluída en los seis primeros capítulos del
libro del *Génesis*. El *Hombre* del capítulo I es radi-
calmente distinto del "Adán" del capítulo II, porque el primero fué creado "macho y hembra", o
sea bi-sexual y a imagen de Dios, al paso que el
segundo, conforme dice el séptimo versículo, fué formado del polvo de la tierra, y se convirtió en un
"alma viviente" después que el Señor Dios "le hubo
infundido por las ventanas de la nariz el soplo de
vida". Además, este Adán era un ser masculino, y en
el versículo veinte se nos dice "que no se encontraba
una compañera digna de él". Los Adonai, siendo
puras entidades espirituales, carecían de sexo, o
más bien tenían ambos sexos unidos en sí mismos,
como su creador; y los antiguos comprendían esto
tan perfectamente, que representaban con los dos
sexos a muchas de sus divinidades. Para todo el que
se fije detenidamente en el texto de la Biblia no
cabe más que: o aceptar esta interpretación, o bien
admitir que los pasajes de los dos capítulos aludidos
se contradicen absurdamente el uno al otro. La
aceptación literal de estos pasajes ha sido lo que ha
dado motivo a los ateos para ridiculizar la narra-
ción mosaica y a la letra muerta de los textos es a

lo que debe achacarse el materialismo de nuestra época. No solamente están así indicadas con toda claridad en el *Génesis* dos razas de seres, sino que hasta una tercera y una cuarta se presentan ante el lector en el capítulo IV, en donde se habla de los "hijos de Dios" y de la raza de "Gigantes".

(I. S. V.—I, cap. IX.)

El primer hombre.

En nuestra doctrina, Adí es el nombre genérico del primer hombre, es decir, de las primeras razas, en cada una de las siete zonas, y de dicho nombre se deriva tal vez el de Ad-am. Todos los pueblos dicen que al primer hombre se le revelaron los divinos misterios de la creación.

(D. S.—III, § XX.)

Constitución del hombre.

Encontramos ante todo en el hombre dos seres distintos: el espiritual y el físico; el hombre que piensa y el hombre que recuerda tantos de aquellos pensamientos como puede asimilar. Por consiguiente, consideramos dos naturalezas distintas: el ser superior o espiritual, compuesto de tres "principios" o *aspectos*, y el inferior o cuaternario físico, compuesto de *cuatro;* en total, siete.

(C. de T.—§ VI.)

LOS SIETE PRINCIPIOS.

TERMINOS sánscritos.	SIGNIFICADO exotérico.	EXPLICACIÓN
Rupa o Sthula-Sarira........	1 Cuerpo físico.	Es el vehículo de todos los demás «principios» durante la vida.
Prâna..........	2. Vida o principio vital.	Necesario sólo para 1, 3, 4, y las funciones del *manas* inferior, que abraza todas las limitadas al cerebro *físico*.
Linga Sharira...	3. Cuerpo astral........	El *doble*, el cuerpo fantasma.
Kama-Rupa.....	4. Centro de los deseos animales y pasiones	Este es el centro del hombre animal, donde se halla la línea de demarcación que separa al hombre mortal de la entidad inmortal.
Manas, principio dual en sus funciones	5. Mente, inteligencia; es la mente humana superior, cuya luz o radiación une la *mónada*, durante la vida, al hombre mortal.....	El estado futuro y el destino kármico del hombre dependen de la gravitación de manas hacia abajo (a kamarupa centro de las pasiones animales), o bien hacia arriba, a *Buddhi*, el *Ego* espiritual. En el último caso, la conciencia más elevada de las aspiraciones espirituales individuales de la *mente* (manas), asimilándose a Buddhi, son absorbidas por éste y forman el *Ego* que pasa al estado de felicidad devacánica.
Buddhi..........	6. El Alma espiritual....	El vehículo del Espíritu puro universal.
Atmâ.....	7. El Espíritu..	La unidad con lo Absoluto, como radiación suya.

(C. de T.—§ VI.)

DOCTRINAS Y ENSEÑANZAS TEOSÓFICAS

Los egipcios mismos aceptaban la división septenaria. Enseñaban que, a su partida, el alma (Ego) tenía que pasar a través de sus siete cámaras o principios: los que dejaba tras de sí y los que con ella se llevaba. La única diferencia que hay, teniendo siempre en cuenta el castigo que traía consigo el revelar las doctrinas de los Misterios (lo cual se pagaba *con la vida*), consiste en que sólo bosquejaban las enseñanzas en sus grandes rasgos, mientras que nosotros las damos forma y las explicamos en sus detalles. Pero aunque enseñamos al mundo tanto como nos es permitido hacerlo, sin embargo, hasta en nuestra doctrina misma se reserva más de un punto importante que *sólo están autorizados a conocer* los que estudian la filosofía esotérica y han prometido el silencio.

(C. de T.—§ VI.)

Su confirmación.

"El hombre—dice Plutarco—es compuesto; y *se equivocan los que le creen compuesto de dos partes solamente.* Pues suponen que el entendimiento (intelecto del cerebro) es una parte del alma (la tríada superior); pero yerran en esto, lo mismo que los que hacen del alma una parte del cuerpo (es decir, de la *tríada* una parte del *cuaternario* mortal corruptible). Pues el entendimiento *(Nous)* tanto excede al alma como ésta sobrepuja en bondad y divinidad al cuerpo. Ahora bien; ese compuesto del alma *(psuche)* con el entendimiento *(Nous)* forma la razón; y con el cuerpo (o *thumos,* alma animal), la pasión; siendo el uno origen o principio del placer y del dolor, y el otro de la virtud y el vicio. De esas tres partes unidas y compactas entre sí, la Tierra dió el cuerpo, la Luna el alma y el Sol el entendimiento a la generación humana."

Esta última frase es puramente alegórica, y sólo la entenderán aquellos que están versados en la ciencia esotérica de las correspondencias y que saben cuál es el planeta *relacionado con cada principio.* Plutarco divide estos últimos en tres grupos, y hace del cuerpo un compuesto de *forma física, sombra astral* y *aliento,* o parte triple inferior, que "de la tierra fué sacada y a la tierra vuelve". Del principio medio y del *alma instintual* forma la segunda parte, derivada de la Luna y siempre influída por ella, y únicamente de la parte superior, del *Alma Espiritual* (Buddhi), con los elementos *Atmicos* y *Manásicos* en ella, hace una emanación directa del Sol, que aquí representa á *Agathon,* la Deidad Suprema. Esto está probado por lo que más adelante dice:

"Así es que de las muertes por las que pasamos, la una hace al hombre dos de tres, y la otra, uno de dos. La primera ocurre en la región y jurisdicción de Demeter, por lo que el nombre dado a los misterios, τελειν se asemejaba al que daban a la muerte τελευταν. También los atenienses consideraron antiguamente a los muertos como consagrados a Demeter. En cuanto a la otra muerte, como tiene lugar en la Luna o región de Persefona."

Aquí tenéis nuestra doctrina, que da a conocer al hombre como septenario durante la vida; un quinario inmediatamente después de la muerte, en Kamaloka, y un tríada, el *Ego,* espíritu, alma y conciencia, en el *Devacán.* Esa separación, primero en los "Prados del Hades", según llama Plutarco al *Kama Loka,* y después en el Devacán, formaba parte integrante de las representaciones durante los sagrados misterios, cuando figuraban los candidatos a la iniciación el drama entero de la muerte y resurrección como espíritu glorioso, entendiéndose por este nombre la *plena conciencia.* A esto es a lo que se refiere Plutarco cuando dice:

"Y tanto con el uno, el terrestre, como con el otro, el celeste, vive Hermes. Este arranca repentina y violentamente al alma del cuerpo; pero dulcemente, y durante largo tiempo, separa Proserpina el entendimiento del alma. Por esta razón se la llama *Monógenes, sola engendrada,* o mejor, *que engendra a uno solo;* porque *la mejor parte del hombre queda sola cuando es separada por ella.* Tanto lo uno como lo otro sucede así de acuerdo con la Naturaleza. Prescribe el Destino (Fatum o Karma) que cada alma, con o sin entendimiento (inteligencia), una vez fuera del cuerpo, ha de errar durante un tiempo determinado, si bien no todas por igual, por la región que se extiende entre la Tierra y la Luna (Kama-Loka). Los que fueron injustos y disolutos sufren entonces el castigo merecido por sus culpas; mas los buenos y virtuosos, allí quedan detenidos hasta que estén purificados y hayan purgado por medio de la expiación todas las corrupciones que pueden haber adquirido por el contagio del cuerpo, al modo de enfermedades vergonzosas; viviendo en la parte más suave del aire llamada Prados del Hades, donde han de permanecer durante cierto tiempo determinado y señalado. Y entonces, como si volviese a su país tras una peregrinación aventurosa o tras largo destierro, experimentan una sensación de alegría, como la sienten principalmente aquellos que son iniciados en los Sagrados Misterios, mezclada de inquietud, de admiración, y cada cual con sus esperanzas peculiares y propias."

Esta es la bienaventuranza nirvánica, y ningún teosofista podría describir en lenguaje más claro, aunque esotérica, la alegría y gozos mentales del Devacán, en donde cada hombre se ve rodeado del paraíso formado por su conciencia. Pero debéis poneros en guardia contra el error en que caen muchos, hasta de nuestros teosofistas. No os imaginéis que porque el hombre es llamado septenario, luego quíntuple, y después tríada, sea por esto un compuesto de siete, cinco o tres *entidades*, o, como dice muy bien un escritor teosófico, un conjunto de pieles o cortezas separables, como las de una cebolla. Como se ha dicho, los "principios", exceptuados el cuerpo, la vida y el *eidolon* astral, los cuales se dispersan a la muerte, son simplemente *aspectos* y *estados de conciencia*. Sólo existe un hombre *real* permanente a través del ciclo de vida, inmortal en esencia, si no en forma, y ese es *manas*, el hombremente, o conciencia encarnada.

(C. de T.—§ VI.)

LAS SIETE ENVOLTURAS.

Así como Brahma, según las tradiciones exotéricas, está rodeado de siete envolturas internas y siete exteriores en el Huevo del Mundo, así también el embrión está rodeado de otras tantas. La cosmogonía exotérica enumera siete capas o envolturas internas y siete externas. La Fisiología exotérica divide el contenido del útero en siete esferas, aunque ignora la semejanza de esta división con la de la matriz universal.

El contenido del útero es como sigue: 1.º *Embrión*. 2.º *Líquido amniótico*, que envuelve inmediatamente al embrión. 3.º Los *amnios* o membrana derivada del feto, que contiene el líquido amniótico. 4.º *Vejiga umbilical*, que sirve para alimentar y nutrir al embrión. 5.º *Alantoides* o alargamiento del embrión en forma de saco ciego que se extiende entre los amnios y el corion por en medio del intersticio y que concretando la placenta sirve para alimentar el embrión. 6.º *Intersticio*, entre los amnios y el corion, lleno de un líquido albuminoso; y 7.º *Co-rion* o envoltura exterior.

Cada uno de estos siete elementos uterinos se corresponde y está formado con arreglo a un tipo precedente en cada uno de los planos de existencia; y estos siete antetipos se corresponden a su vez con los siete estados de materia y todas las demás fuerzas sensibles o funcionales de la naturaleza.

(*Opúsculo I.*)

INDIVIDUO Y PERSONALIDAD.

Distinguimos entre el hecho sencillo de nuestra propia conciencia el sentimiento sencillo de que "Yo soy yo", y el pensamiento complejo que "Soy el señor Tal" o "la Sra. Cual".

Creyendo, como creemos, en una serie de nacimientos para el mismo Ego, o reencarnación, esa distinción es el eje fundamental de la idea entera. Vemos que "Sr. Tal" significa, en realidad, una larga serie de experiencias diarias, unidas todas por la continuación de la memoria, formando lo que el "Sr. Tal" llama "mi yo". Pero ninguna de esas "experiencias" son, realmente, el "Yo" o el "Ego", ni producen al "Sr. Tal" la sensación de ser él mismo, pues olvida la mayor parte de sus experiencias diarias, y producen el sentimiento de egoidad en él únicamente mientras duran. Nosotros los teosofistas distinguimos, por lo tanto, entre este conjunto de "experiencias" que llamamos *la falsa personalidad*

—por ser tan fugaz y finita—y aquel elemento del hombre al que el sentimiento del "Yo soy yo" se debe.

Es este "Yo soy yo" la verdadera individualidad para nosotros, y sostenemos que este "Ego", o individualidad, representa, como el actor en las tablas, muchos papeles en la escena de la vida. Consideramos cada nueva vida del mismo "Ego" en la Tierra como una representación distinta en el escenario de un teatro. Aparece el actor, o "Ego", una noche como "Macbeth"; la siguiente, como "Shylock"; la tercera, como "Romeo"; la cuarta, como "Hamlet" o "Rey Lear", y así sucesivamente hasta que ha recorrido el ciclo completo de encarnaciones. El Ego empieza su peregrinación de vida en papeles muy secundarios como el de un espectro, un "Ariel" o un "Duende"; representa luego un papel de comparsa: es un soldado, un criado, un corista; luego asciende a "papeles hablados": desempeña papeles principales alternando con otros insignificantes, hasta que por fin se despide de la escena, como "Próspero", el mago.

(C. de T.—§ II.)

El Alma.

Se habla del alma a la gente, y algunos preguntan: "¿Qué es el alma? ¿Habéis probado jamás su existencia?" Inútil es, por supuesto, argüir a los que son materialistas; pero aun a estos últimos quisiera dirigir una pregunta: "Podéis acordaros de lo que erais o hacíais cuando niños pequeños. ¿Habéis conservado el menor recuerdo de vuestra vida, pensamientos o actos, o tan siquiera de que hayáis vivido durante los primeros diez y ocho meses o dos años de vuestra existencia? ¿Por qué, entonces, partiendo del mismo principio, no negáis también el haber vivido alguna vez como niños?" Cuando a todo esto añadimos que el Ego que se reencarna, o *individualidad*, retiene durante el período devachánico únicamente la esencia de la experiencia de su vida terrestre pasada, o personalidad, quedando absorbidas todas las experiencias físicas en un estado *in potentia*, o siendo convertidas, por decirlo así, en fórmulas espirituales; cuando tenemos en cuenta, además, que el espacio de tiempo que transcurre entre dos renacimientos se dice que es de diez a quince siglos, durante cuyo período la conciencia física está total y absolutamente inactiva, careciendo de órganos que obren en ella, y, por consiguiente, de *existencia*, la razón de la ausencia de todo recuerdo resulta bien clara.

(C. de T.—§ VIII.)

ALMA Y ESPÍRITU.

Define Platón el *alma* (buddhi) como "el movimiento capaz de moverse a sí mismo". "El alma, añade (Leyes X), es la más antigua de todas las cosas, y el principio del movimiento"; llamando así a Atma-Buddhi "alma", y a *Manas* "espíritu", lo que no hacemos nosotros.

"El alma fué creada antes que el cuerpo, y éste es posterior y secundario, siendo, según la naturaleza, gobernado por el alma." "El alma que rige todas las cosas que se mueven en cada dirección, rige igualmente los cielos. El alma, por lo tanto, gobierna todas las cosas en el cielo y en la tierra, así como en el mar, por sus movimientos, cuyos nombres son: querer, considerar, vigilar, consultar, formar opiniones justas y erróneas, tener alegría, pena, confianza, miedo, odio, amor, junto con todos aquellos movimientos primitivos que están unidos a éstos. Siendo una diosa, siempre tiene a *Nous*, un dios, por aliado, y ordena todas las cosas correcta y felizmente; pero cuando se une a *Annoia* (no a *Nous*), trabaja en todas las cosas en opuesto sentido."

En este lenguaje, así como en los textos buddhistas, se considera lo negativo como existencia esencial. El aniquilamiento está explicado de un modo semejante. El estado positivo es el ser esencial, pero no la manifestación como tal. En lenguaje buddhista, cuando entra el espíritu en el *Nirvana* pierde la existencia objetiva, pero conserva el ser subjetivo.

(C. de T.—§ VII.)

Aristóteles, en su deducción filosófica *Acerca de los sueños*, expone con la mayor claridad esta doctrina de la doble alma, o sea alma y espíritu. "Es necesario para nosotros averiguar *en qué porción* del alma aparecen los sueños", dice. Todos los antiguos griegos creían que en el hombre existía, no un alma doble, sino un alma triple. E igualmente nos encontramos a Homero denominando al alma animal o alma astral, llamada "espíritu" por Mr. Draper, *thumos*, y a la *divina nous*, nombre con el cual también Platón designa al espíritu más elevado.

Los indos jainas opinan que el alma, a la cual llaman *Jiva*, ha sido unida desde toda la eternidad a dos cuerpos etéreos y sublimados, uno de los cuales es invariable y está formado de los poderes divinos de la mente *más elevada*; el otro es variable y está compuesto de las más groseras pasiones del hombre, de sus afecciones sensuales y atributos terretres. Cuando el alma se ha purificado después de la muerte, se une con su *Vaycarica* o espíritu divino, y se convierte en un dios. Los partidarios de los *Vedas*, los sabios Brahmines, exponen la misma doctrina en la *Vedanta*. El alma, según sus enseñanzas, como una porción del divino espíritu universal o inteligencia inmaterial, es capaz de unirse con la esencia de su Entidad más elevada.

Esta enseñanza es explícita; la *Vedanta* afirma que cualquiera que logre el completo *conocimiento de su dios* se convierte en un dios, aun permaneciendo en su cuerpo mortal, y adquiere poder sobre todas las cosas.

Citando de la teología védica el verso que dice: "Verdaderamente no hay más que una Divinidad, el Espíritu Supremo; él es de la misma naturaleza que el alma del hombre", Mr. Draper muestra cómo las doctrinas búddhicas llegaron a la Europa Oriental por medio de Aristóteles. Consideramos esta afirmación poco digna de crédito, puesto que Pitágoras, y después de él Platón, las enseñaron mucho tiempo antes que Aristóteles. Si posteriormente los últimos platónicos admitieron en su dialéctica los argumentos aristotélicos acerca de la emanación, fué únicamente porque sus opiniones coincidían en algunos puntos con las de los filósofos orientales.

(I. S. V.—I, cap. XII.)

SENTIDOS Y PLANOS DE CONCIENCIA.

¿No tenemos mientras soñamos una clase diferente de sentidos? Sentimos, hablamos, oímos, vemos, tocamos y obramos en general en un plano diferente, quedando evidenciado el cambio de estado de nuestra conciencia por el hecho de que una serie de actos y acontecimientos que, según nos parece, abrazan varios años, se suceden idealmente por nuestra mente en un momento. Pues bien; esa extrema rapidez de nuestras operaciones mentales durante los sueños y la naturalidad perfecta mientras tanto de todas las demás funciones, nos demuestra que nos encontramos en un plano completamente distinto. Nos enseña nuestra filosofía que del mismo modo que existen siete fuerzas fundamentales en la Naturaleza y siete planos de existencia, hay también siete estados de conciencia, en los que puede el hombre vivir, pensar, recordar y tener su existencia. Imposible es enumerarlos en este lugar; para ello es preciso dedicarse al estudio de la Metafísica oriental. Mas esos dos estados—la vigilia y los sueños—todos los mortales, desde el profundo filósofo hasta el salvaje más inculto, tienen buena prueba de que difieren el uno del otro.

(C. de T.—§ VI.)

LOS SIETE SENTIDOS.

Así como los planos son siete en uno, así nosotros somos siete en uno en aquella absoluta Alma del mundo que es a la par material e inmaterial, espiritual e inespiritual, ser y no ser. Todos cuantos estudien los misterios del Yo deben penetrarse bien de esta idea. Recordemos que con sólo los sentidos físicos a nuestro servicio ninguno de nosotros será capaz de percibir más allá de la materia grosera, sino que para ello es necesario valernos de alguno de nuestros siete sentidos *espirituales,* ya por educación y ejercicio, ya por haber nacido vidente. Sin embargo, por mucha honradez y sinceridad que adornen a un clarividente desconocedor de las verdades ocultas, es decir, si no es Adepto, sus visiones en la luz astral le inducirán a un falso concepto de los moradores de las esferas ocasionalmente vislumbradas, como le sucedió a Swedenborg y a otros clarividentes.

Estos siete sentidos se corresponden con los demás septenarios de la Naturaleza y de nosotros mismos...

Cada uno de nuestros siete sentidos físicos, dos de los cuales desconoce todavía la ciencia profana, y cada uno de nuestros siete estados de conciencia (vigilia, ensueño, sueño natural, sueño hipnótico, estado psíquico, estado superpsíquico y estado espiritual), se corresponde con uno de los siete planos cósmicos, desenvuelve y utiliza uno de los siete sentidos espirituales y está directamente relacionado en el plano terreno-espiritual con el cósmico y divino centro de fuerza que le engendró y que es su creador directo.

(Algunos opúsculos.—I.)

Nota.—La ciencia admite más sentidos que los cinco que se citan vulgarmente, y conoce alguno más que los dos que en los días de Mme. Blavátsky ella señalaba. Recuerde el lector el sentido muscular, el sentido del peso, el sentido de la orientación y el sentido interno u orgánico. En este caso hay que confesar que la ciencia ha ido más allá que los videntes. Es verdad que Mme. Blavatsky se refería, sin embargo, a los aparatos terminales de sentido.

De cualquier modo que sea, el concepto clásico de sentido es insuficiente ya para explicar las funciones sensoriales.

Es evidente que las diferenciaciones que puede afectar la conciencia humana nos son en absoluto desconocidas, porque contiene un sinnúmero de posibilidades insospechadas. Los fenómenos de trasposición sensorial, por ejemplo, *el transfer*, acreditan que la recepción y la receptividad del mundo exterior pueden efectuarse por medios no conocidos ni explicables en todos los casos.

La resistencia de los teosofistas—individuos de la Sociedad Teosófica—, y de los teósofos—investigadores libres de la verdad—a la explicación de los fenómenos espiritistas, descansa precisamente en esta amplia concepción de los sentidos y de los aparatos terminales de los mismos.— R. U.

El cuerpo astral y el aura.

Metafísica y filosóficamente, hablando en sentido esotérico, estricto, el hombre terrenal está constituído por *cuatro* principios básicos y *tres* aspectos.

Las enseñanzas semiesotéricas los reúne en *siete* principios para facilitar su comprensión.

PRINCIPIS	ASPECTOS
1.º *Alma*, la vida única. .	1.º *Prana*. Aliento vital, que al morir el individuo vuelve a ser la *Vida única*.
2.º *Aura*, substrato que rodea al hombre......	2.º *Linga sharira*, forma astral, precede a la formación del cuerpo físico, y es el último en abandonarle a la muerte.
3.º *Buddhi*. Alma espiritual. Rayo del alma universal........	3.º *Manas inferior*. El alma animal, reflejo de *Buddhi* y de *Manas superior*.
4.º *Manas superior*. Yo. La Inteligencia por autonomasia.........	

(Algunos opúsculos.—I.)

Nota.—Es claro que estos siete principios no son completamente distintos y separados entre sí. Todos ellos integran al hombre, pero esta distinción lógica septenaria es un instrumento admirable para la comprensión y conocimiento del hombre.—R. U.

El huevo áurico está constituído por curvas análogas a las que forma la arena puesta en un disco vibratorio...

El niño tiene un huevo áurico muy pequeño, de color blanco, casi puro...
(Notas a los opúsculos.)

El aura humana tiene siete capas, como las tienen el espacio cósmico y nuestra piel física. El aura es la que, según nuestro estado puro o impuro, físico y mental, nos abre la vista de otros mundos o nos la cierra herméticamente, dejándonos tan sólo la de este mundo de materia densa...

El hombre actual es una neblina de color violado pálido dentro de un círculo azulado ovoide, sobre el cual irradian en incesantes vibraciones los colores del espectro, predominando el color correspondiente al principio más activo de cada personalidad en el momento de la observación clarividente.
(Algunos opúsculos.—III.)

LA HUMANIDAD.

Una planta se compone de raíz, tronco, tallos y hojas. Del mismo modo, la Humanidad, como un todo, es el tronco que procede de la raíz espiritual; el tronco es la unidad de la planta. Atacado el tronco,

es evidente que cada rama y cada hoja se ha de
resentir. Así sucede con la Humanidad.
(C. de T.—§ III.)

Evolución de la Humanidad.

La Humanidad se desenvuelve por completo tan
sólo durante la cuarta ronda: la presente...

Como la oruga que se convierte en crisálida y en
mariposa, el hombre, o más bien lo precursor del
hombre, pasa al través de todas las formas y reinos
durante la primera ronda, y al través de todas las
formas humanas durante las dos rondas siguientes.
Una vez llegado a nuestra tierra, al principio de la
cuarta en la serie presente de ciclos de vida de razas,
el hombre es la primer forma que aparece en ella,
siendo precedido únicamente por los reinos mineral
y vegetal; teniendo aún el último que desarrollarse
y continuar su evolución ulterior por medio del hombre...

Durante las tres rondas que han de venir, la Humanidad, lo mismo que el globo en que vive, tenderá siempre a reasumir su forma primitiva: de la
Hueste Dhyan choánica. El hombre tiende a convertirse en *un dios,* y después en *Dios,* lo mismo
que todos los demás átomos del Universo.

Al comenzar la segunda ronda, la evolución procede entonces bajo un plan por completo diferente.

Tan sólo durante la primera ronda es cuando el hombre celestial se convierte en un ser humano en el globo A; se convierte de nuevo en un mineral, en una planta y en un animal en el globo B, y en el C, etc., la evolución cambia por completo desde la segunda ronda...

Cada ciclo de vida es el cuarto globo: la Tierra se compone de siete razas raíces, que comienzan con la etérea y terminan con la espiritual en una línea doble de evolución física y moral, desde el principio de la ronda terrestre hasta que concluye. El uno es una "ronda planetaria", desde el globo A al globo B, el séptimo; el otro, la "ronda del globo", o sea la terrestre.

(D. S.—I. Estancia VI.)

El mundo procede por ciclos. Las razas futuras serán reproducciones de razas largo tiempo desaparecidas, y nosotros, quizás, somos las imágenes de aquellos que vivían hace cien siglos. Llegará el tiempo en que todos los que ahora en público calumnian a los herméticos, pero que en secreto registran sus volúmenes cubiertos de polvo, y son sólo plagiarios de sus ideas, que se asimilan y dan como propias, recibirán su merecido. "¿Quién — honradamente exclama Pfaff—, qué hombre ha tenido ideas más claras acerca de la naturaleza que Paracelso? El es el intrépido creador de los medicamentos químicos; él, fundador de valientes sociedades, victorioso en la controversia, siendo uno de aquellos espíritus que entre nosotros crearon un nuevo modo de pensar acerca de la existencia natural de las cosas. Lo que anda esparcido por sus escritos referente a la piedra filosofal, a los pigmeos y espíritus de las minas, a portentos, a los homunculi, al elixir de vida; todo lo que es empleado por muchos para rebajar su mérito, no puede extinguir nuestro sincero agradecimiento por sus trabajos en general, ni nuestra admiración por sus libres e intrépidos esfuerzos, y por su vida tan noble como intelectual.

(I. S. V.—I., cap. II.)

EL ESPÍRITU

Conciencia.

La conciencia puramente animal está constituída por la conciencia de todas las células del cuerpo, menos las del corazón, porque este órgano es el más importante y rey de los órganos del cuerpo, hasta el punto de que el corazón de los decapitados sigue latiendo hasta treinta minutos después de separada la cabeza del tronco, y continúa palpitando durante algunas horas si el cuerpo se envuelve en algodón en rama y se coloca en un paraje de temperatura elevada.

Hay en el corazón un punto, centro de vida, que es el último en cesar de latir. Este punto central se llama "sede de Brahma", y es el primer centro vital que funciona en el feto y el último que muere en el organismo. A veces han sido enterrados algunos yaguis que se hallaban en estado cataléptico, y aunque todo el cuerpo era cadáver, subsistía la vida en la "sede de Brahma"; por lo que es posible resucitar a un muerto mientras viva este último centro del corazón·que contiene en potencia la mente, la vida, la energía y la voluntad. Durante la vida física irradia este centro irisados colores de matiz opalescente. El corazón es el centro de la conciencia-espiritual, como el cerebro lo es de la intelectual; pero la persona no puede guiar ni dirigir su energía mientras no esté unida a Buddhi-Manas. Hasta entonces la conciencia guía a la persona, si ésta se deja guiar.

De aquí los torcedores del remordimiento y los escrúpulos de conciencia, que nacen del corazón y no de la cabeza...

En el hombre hay tres centros principales: el corazón, la cabeza y el ombligo, que pueden ser dos a dos positivos o negativos respecto del otro, según su respectivo predominio.

El corazón representa la tríada superior; el hígado y el bazo, el cuaternario. El plexo solar es el centro cerebral del estómago.

(*Opúsculos.*— I.)

LA GLÁNDULA PINEAL.

El cerebro es el órgano propio de la percepción física, y la percepción está localizada en el aura de la glándula pineal. Esta aura vibra en respuesta a todas las impresiones, pero en el hombre viviente sólo puede sentirse y no percibirse. Durante el proceso del pensamiento, que se manifiesta en conciencia, vibra constantemente la luz de esta aura, y si un clarividente mira con el ojo espiritual el cerebro de un hombre vivo, puede casi contar las siete escalas, los siete matices de luz del tono más obscuro al más brillante. Si os tocáis la mano, antes del toque vibra ya el aura de la glándula pineal con su correspondiente matiz.

(*Opúsculos.*—III.)

El ojo divino.

La glándula pineal es para los ocultistas orientales el *devaksha* u ojo divino. Es el órgano principal de la espiritualidad en el cerebro humano, la sede del genio, el mágico "sésamo" pronunciado por la purificada voluntad del místico que abre los canales de la verdad para quien sabe cómo aprovecharla.

La ciencia esotérica enseña que *Manas*, el Ego mental, no se une del todo al niño hasta los seis o siete años de edad, antes de la cual ningún niño es responsable, ni según la Iglesia ni según los códigos legales. Ahora bien; el famoso anatómico Herman Wengel observó en algunos miles de casos el extraño hecho de que, con rarísimas excepciones, la arenilla o concreción de color dorado (que hay en la glándula pineal) sólo se encontraba en niños mayores de siete años. En los locos apenas hay arenilla, y en los idiotas falta por completo. Morgagni, Granding y Gum son los únicos fisiólogos, verdaderamente sabios por ello, que han relacionado la arenilla pineal con la mentalidad. Así, pues, basándonos en que los niños de corta edad, los viejos decrépitos y los idiotas no tienen arenilla, llegaremos inevitablemente a la conclusión de que debe estar relacionada con la mentalidad.

(*Opúsculos.*—III.)

INMORTALIDAD.

Decimos que el hombre y el alma han de conquistar su inmortalidad por medio de la ascensión hacia la unidad; con la cual, si logran el éxito, quedarán unidas al fin, y en la que son finalmente absorbidas, por decirlo así. La individualización del hombre después de la muerte. depende del espíritu, no de su alma y cuerpo. Aunque la palabra "personalidad", en el sentido en que se entiende usualmente, es un absurdo si se aplica literalmente a nuestra esencia inmortal, sin embargo, esta última es, como Ego, nuestro individual, una entidad distinta, inmortal y eterna, *per se. Sólo en el caso de tratarse de magos negros o de criminales cuya redención no es posible —criminales que así lo han sido durante una larga serie de vidas—es* cuando el hilo brillante, que une el espíritu al alma *personal* desde el momento del nacimiento de la criatura, es violentamente roto, y la entidad desencarnada se encuentra divorciada del alma personal, siendo esta última aniquilada sin dejar la más pequeña impresión o rastro de sí misma en la primera. Si esta unión entre el manas inferior, o personal, y el Ego individual que se reencarna no ha sido efectuada durante la vida, entonces tócale al primero la suerte de los animales inferiores que gradualmente se disuelven en el éter y cuya personalidad es aniquilada; pero aun entonces es el Ego un ser individual. En tal caso sólo pierde un estado devacánico (después de esa vida especial, y en este caso, por cierto inútil), como *personalidad idealizada*; y se reencarna casi inmediatamente, después de haber disfrutado por corto espacio de tiempo de su libertad, como espíritu planetario...

"Desde la más remota antigüedad, la *humanidad* en conjunto *ha estado siempre convencida de la existencia de una entidad personal espiritual dentro del hombre físico*. Esta entidad interna era más o menos divina, según su proximidad a la *corona*... Cuanto más íntima es la unión, más apacible y puro es el destino del hombre, menos peligrosas las condiciones externas. Esta creencia no es fanática, ni supersticiosa, sino un sentimiento instintivo, constante, de la proximidad de otro mundo espiritual e invisible que, aunque subjetivo para los sentidos del hombre exterior, es perfectamente objetivo para el Ego interno. Se creía además que *existen condiciones externas e internas que afectan a la determinación de nuestra voluntad sobre nuestros actos*. Se rechazaba el fatalismo, porque el fatalismo implica la conducta ciega de un poder más ciego aún. Pero

se creía en el *destino* o *Karma,* que el hombre, semejante a la araña, teje hilo por hilo desde que nace
hasta que muere; y ese destino está guiado por aquella presencia, que algunos llaman el ángel de la guarda, o por nuestro hombre astral interno más íntimo,
que demasiado a menudo es el genio del mal para el
hombre de carne (o la *personalidad).* Ambos guían
al Hombre, pero uno de los dos ha de prevalecer; y
desde el principio mismo de la invisible lucha, la
severa e implacable ley de *compensación* (y *retribución),* interviene y continúa su curso, siguiendo con
fidelidad las fluctuaciones (del conflicto). Concluída
la última trama, queda el hombre envuelto en la red
que él mismo ha tejido, y entonces se halla enteramente bajo el imperio de ese destino forjado por
él mismo. Entonces el destino lo fija, cual concha
inerte a la roca inmóvil, o bien lo arrastra como una
pluma en el torbellino producido por sus propias acciones.''

Tal es el destino del Hombre, el verdadero Ego,
no el Autómata, la CÁSCARA a la que prestan este
nombre. De él depende llegar a convertirse en un
vencedor de la materia.

(C. de T.—§ X.)

Cada átomo y pedazo de materia, así como de substancia, es *imperecedero* en su esencia, mas no en su
conciencia individual. La inmortalidad sólo es la
propia conciencia no interrumpida; y difícilmente
puede la conciencia *personal* durar más tiempo que

la personalidad misma. Esta conciencia, como ya os dije, sobrevive tan sólo durante el período devacánico, después del cual es reabsorbida en la conciencia *individual* primero, y en la *universal* después. Preguntad a vuestros teólogos por qué han alterado tan profundamente las escrituras judaicas. Leed la Biblia, si queréis tener una buena prueba de que los escritores del *Pentateuco* y del *Génesis,* especialmente, jamás consideraron a *nephesh* el soplo con que Dios dotó a Adán (Gén. cap, II, 7) como alma *inmortal.* He aquí algunos ejemplos: —"Y Dios creó... a cada *nephesh* (vida), que se mueve" (Gén. I, 21), refiriéndose a los animales; y dice (el Gén. II, 7): "Y el hombre se volvió un *nephesh*" (alma viviente), lo que demuestra que la palabra *nephesh* se aplicaba indiferentemente al hombre *inmortal,* así como al animal *mortal.* "Y seguramente os pediré la sangre de vuestro *nepheshim* (vidas); lo pediré a cada animal y al hombre." (Gén. IX, IX, 5.) "Huye por tu *nephesh.*" (Gen.. XIX, 17.) "No le matemos", dice la versión inglesa (XXXVII, 21). "No matemos a su *nephesh*", dice el texto hebraico. "*Nephesh* por *nephesh*", dice el Levítico. "Aquel que mata a cualquier hombre, será seguramente muerto", literalmente: "Aquel que mata al *nephesh* de un hombre." (Lev. XXIV, 17.) "Y el que mata a un animal (*nephesh*) tiene que pagarlo... Animal por animal", en vez del texto que dice: "*nephesh* por *nephesh.*" ¿Cómo podría el hombre *matar* lo que es inmortal? Y esto también explica por qué los saduceos negaban la inmortalidad del alma; como también prueba que, muy probablemente, los judíos mosaicos (los no iniciados al menos) jamás creyeron en la supervivencia del alma.

C. de T.—§ VII.)

LA MUERTE.

Si el universo objetivo es en sí mismo una falacia transitoria, porque tuvo principio y ha de tener fin, también han de ser la vida y la muerte meros aspectos 'e ilusiones. Hay, en efecto, cambios de estado y nada más.

(*Opúsculos.*—III.)

EL DEVACÁN.

Literalmente, la "tierra de los dioses"; una condición, un estado de felicidad mental. Filosóficamente, una condición mental análoga al ensueño, pero mucho más viva y real que el ensueño más vivo. Es el estado de la mayoría de los mortales después de la muerte.

(C. de T.—§ VI.)

NOTA.—Aunque siempre la gran definidora de la Teosfía ortodoxa es Mme. Blavatsky, puede consultarse sobre el DEVACÁN la curiosa obra de C. Leadbeater.—R. U.

EL TRÁNSITO.

Cuando muere el hombre, sus tres principios inferiores le abandonan para siempre; es decir: el cuerpo, la vida y el vehículo de esta última, el cuerpo astral o doble del hombre viviente. Entonces sus otros cuatro principios—el principio central o medio (el alma animal o *Kama-rupa*), con lo que se ha asimilado del Manas inferior, y la Tríada superior, se encuentran en *Kama-loka*. Esta es una localidad astral, el *limbus* de la teología escolástica, el *hades* de los antiguos, y, estrictamente hablando, una *localidad* sólo en un sentido relativo. No tiene área definida, ni tampoco límite, pero existe *dentro* del espacio subjetivo, es decir, fuera del alcance de nuestras percepciones sensoriales. Existe, sin embargo; y allí es donde los *eidolons* astrales de todos cuantos seres han vivido, incluso los animales, esperan *su segunda muerte*. Viene esta última, para los animales, con la desintegración y la completa desaparición de sus partículas *astrales*. Principia para el *eidolon* humano cuando la Tríada Atma Buddhi-Manásica "se separa" de sus principios inferiores, o sea del reflejo de la *personalidad* que fué, al entrar en el estado devachánico.

Entonces el fantasma *kama-rúpico*, privado de su principio pensador, el *Manas* superior, del aspecto inferior de este último, no recibiendo ya la inteligencia animal luz alguna de la mente superior, y sin cerebro físico para poder obrar, desaparece.

Cae en un estado semejante al de una rana cuando el vivisector la priva de ciertas partes de su cerebro. Ya no puede pensar, ni aun en el plano animal más inferior. No es ni siquiera el Manas infe-

rior, puesto que este "inferior" no es nada sin el
"superior".

(C. de T.—§ IX.)

LOS LIBERADOS.

Aquel que se ha colocado fuera del velo de Maya
(como sucede con los Adeptos e Iniciados más elevados), no puede tener devachán. En cuanto al común de los mortales, su bienaventuranza es completa en el devachán. Es un olvido *absoluto* de todo
cuanto les causara dolor o pena en su encarnación
última; y hasta un olvido del hecho mismo de que
existan semejantes sufrimientos. La entidad deva-
chánica vive, durante su ciclo intermedio entre dos
encarnaciones, rodeada por todo aquello a que aspi-
ró y deseó en vano, en compañía de todos los que
amó en la tierra. Ha alcanzado la realización de todas las aspiraciones de su alma, y así vive durante
largos siglos de una existencia de dicha sin *mezcla*,
que es el premio de sus sufrimientos en la vida terrestre. En una palabra: se baña en un mar de continua felicidad, intercalada tan sólo por sucesos de
un grado de felicidad aún mayor.

C. de T.—§ IX.)

LA NUEVA VIDA.

Apenas termina el estado devacánico o de recompensa, queda el Ego indisolublemente unido, o mejor dicho, arrastrado por la nueva forma astral que

se dirige kármicamente hacia la mujer de cuyo seno ha de nacer la *criatura animal,* acogida por Karma para vehículo del Ego, que acaba de despertar de su estado devacánico. Entonces entra en la mujer la *nueva* forma astral, compuesta, en parte, de la pura esencia akástica del huevo áurico, y en parte de los terrenales elementos de las culpas cometidas por la última personalidad. Una vez posesionada de la mujer esta nueva forma astral, la naturaleza modela el feto de carne, según el patrón astral, valiéndose de los materiales proporcionados por la simiente masculina en el suelo femenino. Así, de la esencia de una simiente brota el fruto físico, que, a su vez, lleva dentro de sí otras simientes de futuras plantas.

(*Opúsculos.*—I)

REENCARNACIÓN.

Puede uno, durante un largo viaje en ferrocarril, quedarse profundamente dormido y dejar pasar varias estaciones, sin el más ligero recuerdo o conciencia de ello; despertar luego en otra estación y continuar el viaje, pasando por innumerables puntos de parada, hasta llegar, por fin, al término del mismo. Os he hablado de tres clases de sueño; el sueño sin ensueños, el caótico y el sueño tan real que al hombre dormido le parecen sus ensueños realidades completas. Si creéis en el último, ¿por qué no podéis creer en el primero? Según la creencia que haya tenido el hombre respecto a la vida futura, y lo que Aquel que no haya esperado vida futura alguna, ha-

llará un vacío absoluto, semejante al aniquilamiento, en el intervalo que media entre los dos renacimientos.

(C. de T.—§ IX.)

Vamos ahora a presentar unos pocos fragmentos
de esta misteriosa doctrina de la reencarnación,
como distinta de la metempsicosis, doctrina que to-
mamos de una autoridad en la materia. La reencarnación consiste en la aparición del mismo individuo, o, mejor dicho, de su mónada astral repe-
tidas veces en el mismo planeta, y tiene lugar cuando la naturaleza, procurando restablecer su equilibrio perturbado, lanza violentamente otra vez en la
vida terrena a la mónada astral, que ha sido arro-
jada fuera del círculo de necesidad en virtud de un
crimen o accidente. Así, en los casos de aborto, de
niños que mueren antes de cierta edad y de idiotis-
mo congénito e incurable, el designio original de la
naturaleza de producir un ser humano perfecto ha
sido interrumpido. Por consiguiente, mientras que
la materia grosera de cada una de estas varias entidades está condenada, en el momento de la muerte, a dispersarse por el vasto reino del ser, el espíritu inmortal y la mónada astral del individuo—
habiéndose esta última separado para animar una
forma, y el primero para derramar su luz divina
sobre la organización corporal—deben intentar por
segunda vez llevar a cabo el propósito de la inteligencia creadora.

Cuando la razón ha sido desarrollada hasta el punto de adquirir la actividad y el discernimiento, no tiene lugar la reencarnación en esta tierra, porque se han unido unas con otras las tres partes del hombre tri-uno, y entonces éste se halla en disposición de emprender su carrera. Pero cuando el nuevo ser no ha pasado más allá de la condición de mónada, o cuando, como en el idiota, la trinidad no se ha completado, la centella inmortal que le ilumina tiene que entrar de nuevo en el plano terrestre, puesto que su primera tentativa ha fracasado. De otro modo, las almas astral o mortal y la divina o inmortal no podrían progresar al unísono y pasar a la esfera superior. El espíritu sigue una línea paralela a la de la materia, y la evolución espiritual marcha en armonía con la física.

(I. S. V.—I, cap. X.)

TRES CLASES DE ENCARNACIONES.

Verdaderamente, vinieron al mundo en su respectiva época los Maestros que, como Gotama, Shankara y Jesús, tenían por misión "salvar el bien y destruir el mal". Así se dijo: "Yo nazco en cada yuga." Y todos nacen por el mismo poder.

Muy misteriosas son, en efecto, esas encarnaciones que caen fuera del círculo general de los renacimientos. En tres grupos pueden dividirse las encarnaciones divinas: los *avataras*, o encarnaciones divinas; las de los *nirmanakayas*, o adeptos que re-

nuncian al nirvana con el propósito de auxiliar a
la humanidad, y las *naturales* encarnaciones de la
masa general sujeta a la rueda de nacimientos y
muertes. El avatara es una apariencia que podría-
mos llamar una ilusión especial dentro de la natural ilusión producida por Maya. El adepto renace
conscientemente a voluntad y albedrío; pero la grey
general obedece a la gran ley de la doble evolución
inconscientemente.

(D. S.—III, § XLI.)

ENCARNACIONES DIVINAS.

Siempre que la humanidad está a punto de hun-
dirse en el materialismo y en la degradación moral,
un Espíritu Supremo se encarna en su criatura, escogida para el objeto. El "Mensajero del Altísimo"
se une con la dualidad de materia y alma, y habiéndose de esta suerte completado la triada por medio
de la unión de su Corona, nace un salvador que ayuda a la humanidad a volver al sendero de la verdad
y de la virtud. La primitiva Iglesia Cristiana, im-
pregnada por completo de filosofía asiática, tuvo evidentemente la misma creencia—de otra manera *ni
hubiera erigido en un artículo de fe al segundo ad-
venimiento, ni astutamente inventado la fábula del
Anti-Cristo como una precaución contra posibles encarnaciones futuras.* Ni pudieron ellos imaginar que
Melquisidec era un avatar de Cristo. Sólo tenían que
dirigirse al *Bhagavad Gîta* para encontrar a Krishna
o Bhagavad diciendo a Arjuna: "Aquel que me si-

gue se salva por la sabiduría y también por las obras... *Tan pronto como la virtud decae en el mundo, yo me manifiesto para salvarlo.*"

A la verdad, es más que difícil el dejar de tener en cuenta esta doctrina de las encarnaciones periódicas. ¿No ha presenciado el mundo a grandes intervalos la aparición de grandes caracteres tales como Krishna, Sakya-muni, y Jesús? Lo mismo que los dos últimos personajes, Krishna parece haber sido un ser real, divinizado por su escuela, en algún período de los albores de la historia, y adaptado a la forma del programa religioso sancionado por el tiempo. Compárese a los dos Redentores, al Indo y al Cristiano, el uno precediendo al otro, de algunos millares de años; colóquese entre ambos a Siddhârtha Buddha, reflejando a Krishna y proyectando en la noche del futuro a su propia sombra luminosa, con cuyos rayos reunidos fueron dibujando los contornos del místico Jesús, y de cuyas enseñanzas fueron tomadas las del Cristo histórico: y nos encontraremos con que bajo de un mismo ropaje de poéticas leyendas, han vivido y alentado tres figuras humanas reales. El mérito individual de cada uno de ellos es puesto de relieve, más que por otra cosa, por este mismo colorido místico, puesto que a ningún carácter indigno hubiera escogido para la deificación el instinto popular, tan infalible y justo cuando se le deja en libertad. *Vox populi, vox Dei,* fué en otro tiempo verdad, por erróneo que sea cuando es aplicado al actual populacho, gobernado por clérigos.

Kapila, Orfeo, Pitágoras, Platón, Basilides, Marción, Ammonio y Plotino fundaron escuelas y sembraron los gérmenes de muchos nobles pensamientos, y al desaparecer, han dejado tras de sí el esplendor de semidioses. Pero las tres personalidades de Krishna, Gautama y Jesús aparecieron como verdaderos dioses, cada uno en su época, y legaron a la humanidad tres religiones edificadas sobre la roca imperecedera de los tiempos. Que todas tres, en especial la fe Cristiana, se hayan adulterado con los tiempos, y que esta última haya llegado casi a ser incognoscible, no es culpa de ninguno de los nobles Reformadores. Los clérigos, que se llaman a sí mismos cultivadores de la "viña del Señor", son los que de ello deben rendir cuentas ante las generaciones futuras.

Purifíquese a los tres sistemas de la escoria de los humanos dogmas, y la pura esencia que quede se verá que es la misma. Hasta Pablo, el grande, el fiel apóstol, en el calor de su entusiasmo, o pervirtió involuntariamente las doctrinas de Jesús o sus escritos han sido desfigurados hasta un punto tal que es imposible reconocerlos. El *Talmud,* la tradición de un pueblo, que todavía se siente inclinado a reconocer la grandeza de Pablo como filósofo y hombre versado en materias religiosas, no obstante su apostasía del judaísmo, dice de *Aher* (Pablo), en el *Jerusalmi,* que "él corrompió la obra de aquel hombre", refiriéndose a Jesús.

(I. S. V.—II, cap. XI.)

MEMORIA Y RECUERDO.

La memoria es simplemente un poder innato en los seres racionales, y hasta en los animales, para reproducir pasadas impresiones por medio de una asociación de ideas, sugeridas principalmente por cosas objetivas o por alguna impresión sobre nuestros órganos sensorios externos. La memoria es una facultad que depende enteramente del funcionamiento más o menos sano y normal de nuestro cerebro *físico;* el *recuerdo* y la *reproducción* son los atributos y los servidores de esa memoria. Pero la *reminiscencia* es una cosa enteramente distinta. El psicólogo moderno define la *reminiscencia* como algo intermedio entre el *recuerdo* y la *reproducción*: "un proceso consciente por el que se recuerdan los hechos pasados, *pero sin aquella referencia completa y variada* de objetos determinados que caracteriza la *reproducción.*"

Locke, hablando de la reproducción y del recuerdo, dice: "Cuanto una *idea ofrece de nuevo* a la memoria, sin la influencia del mismo objeto sobre el sensorio externo, esto se llama *recuerdo;* si la mente encuentra una idea que buscara con trabajo y esfuerzo, esto es *reproducción.*" Mas Locke mismo deja de darnos una definición clara de la *reminiscencia,* porque no es una facultad o atributo de nuestra memoria *física,* sino una percepción intuitiva aparte y fuera de nuestro cerebro físico; una percepción que, al ser puesta en acción por el conocimiento siempre presente de nuestro Ego espiritual, abarca aquellas visiones consideradas *anormales* en el hombre (desde las pinturas inspiradas por el genio, hasta el delirio y devaneos de la fiebre y de la locura misma), clasificadas por la ciencia como *no existentes,* excepto en nuestra imaginación. El Ocultismo y la Teosofía consideran, sin embargo, la *reminiscencia* desde un punto de vista completamente distinto. Para nosotros, la *memoria* es física y pasajera y depende de las condiciones fisiológicas del cerebro, proposición fundamental entre todos los profesores de mnemotecnia, apoyados además por las investigaciones de los psicólogos científicos modernos; pero la *reminiscencia* es la *memoria del alma.* Esa memoria es la que da a casi todos los seres humanos, sea que lo comprendan o no, la certeza de haber vivido anteriormente y de tener que vivir de nuevo...

Sostenemos, con el profesor W. Knight, que "la ausencia de la memoria de cualquier acto ejecutado en un estado previo no puede ser argumento concluyente contra la posibilidad de haber vivido en el mismo". Y todo adversario de buena fe deberá convenir en lo que dice Butler en sus *Lecturas sobre la filosofía platónica,* "que la idea de extravagancia que esto (la pre-existencia) produce tiene su secreto origen en los prejuicios materialistas o semi-materialistas". Sostenemos además que la memoria, como la llamó Olimpiodoro, es simplemente una *fantasía,* y la más insegura de todas las cosas en nosotros. Aseguraba Ammonio Saccas que la única facultad en el hombre, directamente opuesta a la profecía o visión en el futuro, es la *memoria*. Acordaos también de que una cosa es la memoria y otra la mente o *pensamiento;* la una es una máquina para archivar un registro que muy fácilmente se descompone; los pensamientos son eternos e imperecederos. ¿Os negaríais a creer en la existencia de ciertas cosas u hombres, sólo porque no los hubiesen visto vuestros ojos físicos? ¿No es garantía suficiente de haber vivido Julio César el testimonio colectivo de generaciones pasadas que le vieron? ¿Por qué no se habría de tomar en consideración el mismo testimonio de los sentidos psíquicos de las masas?

(C. de T.—§ VIII.)

CÓMO SE EXPLICA EL OLVIDO.
¿CÓMO SE EXPLICA LA FALTA DE MEMORIA RESPECTO DE NUESTRAS VIDAS ANTERIORES?

Muy fácilmente. Los "principios" que llamamos físicos (1) son desintegrados después de la muerte, a la par que sus elementos constitutivos, y la *me-*

---

(1) A saber: el cuerpo, la vida, los instintos pasionales y animales, y el fantasma astral o *eidolon*, de cada hombre, sea percibido en pensamiento por nuestro ojo mental, u objetivamente y separado del cuerpo físico; cuyos principios llamamos *Sthula* sharira, *Prana, Kama-rupa* y *Linga sharira*. Ningún principio de estos es negado por la ciencia, aunque los llame de modo distinto.

moria a la vez que su cerebro. Esa memoria, desvanecida de un cuerpo que desapareció, no puede recordar ni registrar cosa alguna en la encarnación posterior del Ego. La reencarnación significa que ese Ego ha de ser dotado de un *nuevo* cuerpo, de un *nuevo* cerebro y de una *nueva* memoria. Tan absurdo sería, por consiguiente, esperar que se acordase la *memoria* de aquello que jamás pudo registrar, como inútil resultaría examinar con el microscopio una camisa que nunca hubiese llevado puesta un asesino, y buscar en ella las manchas de sangre que sólo habían de hallarse en la ropa que llevó en otra ocasión. No es la camisa limpia la que hemos de interrogar, sino la ropa que llevaba cuando ejecutó el crimen; y si ésta ha sido quemada y destruída, ¿cómo la podéis encontrar?...

Pero existe la evidencia circunstancial, que nuestras sabias leyes admiten quizá más de lo que debieran. Para convencerse del hecho de la reencarnación y de las vidas pasadas debe ponerse uno en relación con el propio Ego real permanente, y no con la memoria, que es pasajera....

Si la gente más ilustrada, de buena gana cree en "la gravedad", el "éter", la "fuerza" y tantas otras cosas de Ciencia; en abstracciones e "hipótesis" que ni ha visto, tocado, olido, oído ni probado, ¿por qué no habrían de creer otras personas, en virtud del mismo principio, en el Ego propio permanente, "hipótesis" muchísimo más lógica e importante que ninguna otra?...

El Ego que se reencarna es el "Yo" *individual* e inmortal, no el personal.

(C. de T.—§ VIII.)

LO QUE DICEN LOS SUEÑOS.

En los sueños podemos adquirir experiencias así malas como buenas. Por lo tanto, debemos educarnos y adiestrarnos para evitar los malos resultados del sueño.

El *Manas inferior* duerme cuando el sueño es sensorio, y entonces la conciencia animal, güiada por *Karma*, se dirige hacia la *luz astral*. La propensión es siempre animal en los sueños sensoriales.

Si fuésemos capaces de recordar lo que soñamos mientras dormimos profundamente, seríamos capaces, de igual modo, de recordar nuestras vidas anteriores (1).

(D. S.—III. *Apéndices.*)

LOS QUE RECUERDAN.

Algunas personas se acuerdan durante la vida de sus pasadas encarnaciones; pero estas personas son Buddhas e Iniciados. Esto es lo que los yoguis llaman

---

(1) Véase en esta misma biblioteca la INTERPRETACIÓN DE LOS SUEÑOS, de Artemidoro de Daldia.—(N. del T.)

samma-sambuddha o conocimiento de las propias encarnaciones pasadas...

Después de la muerte empieza a efectuarse ante los ojos espirituales del alma una representación correspondiente al programa aprendido y que con mucha frecuencia ha sido compuesto por nosotros mismos: la realización práctica de las creencias *correctas* o de las ilusiones que fueron creadas por nosotros. El Metodista será Metodista; el Musulmán será Musulmán, por algún tiempo al menos, en un paraíso de insensatos, creado según el gusto de cada cual. Tales son los frutos *post mortem* del árbol de la vida. Nuestra creencia o incredulidad del hecho de la inmortalidad consciente, es incapaz, naturalmente, de ejercer influencia alguna sobre la realidad incondicionada del hecho en sí, puesto que existe; pero la creencia o incredulidad en aquella inmortalidad como propiedad de entidades independientes o separadas, no puede dejar de prestar color a aquel hecho en su aplicación a cada una de esas entidades. ¿Empezáis ahora a entenderlo?

(C. de T.—§ IX.)

LOS HOMBRES ELEVADOS.

Cada ronda lleva consigo un desenvolvimiento nuevo y hasta un cambio completo en la constitución mental, psíquica, espiritual y física del hombre, evolucionando todos estos principios en una escala siempre ascendente. De aquí se deduce que los hombres como Confucio y Platón, que pertenecían psíquicamente y espiritualmente a planos más elevados de evolución, eran en nuestra vasta ronda como la generalidad de los hombres serán en la quinta ronda, cuya humanidad se halla destinada a encartarse incesantemente más elevada en la escala de la evolución que nuestra humanidad presente.

(D. S.—I. Estancia VI.)

HAY DOS EXCEPCIONES PARA COMUNICAR LOS VIVOS CON EL ESPÍRITU DESENCARNADO.

Tiene lugar la primera excepción durante los primeros días inmediatamente después de la muerte de una persona y antes de que entre el *Ego* en el estado devachánico. En cuanto a que mortal alguno haya obtenido mucho beneficio del regreso del espíritu al plano *objetivo*, esa es otra cuestión. Quizá haya ocurrido así en algunos raros casos excepcionales, cuando la intensidad del deseo del moribundo por algún objeto determinado haya forzado la conciencia superior *a permanecer despierta*, y, por lo tanto, fué la *individualidad*, el "espíritu", lo que se comunicó. Después de la muerte, el espíritu está ofuscado, deslumbrado, y muy pronto cae en lo que llamamos la "inconsciencia *pre-devachánica*".

La segunda excepción corresponde a los *Nirmanakayas*, nombre dado a aquellos que, si bien han ganado el derecho al Nirvana y al reposo cíclico, han renunciado, por compasión a la humanidad y a los que dejaron en la tierra, al estado Nirvánico. Semejantes Adeptos, Santos o como queráis llamarles, considerando como un acto de egoísmo el reposo en la bienaventuranza, mientras que la humanidad gime bajo el peso de los sufrimientos y de la miseria producidos por la ignorancia, renuncian al Nirvana y resuelven permanecer invisibles *en espíritu* en esta tierra. Los Nirmanakayas carecen de cuerpo material, puesto que lo han abandonado; pero, por lo demás, continúan en la posesión de todos sus principios hasta *en la vida astral* de nuestra esfera. Ellos pueden comunicarse y se comunican con unos cuantos elegidos, aunque no seguramente con los *mediums* ordinarios.

(C. de T.—§ IX.)

EL KARMA

El ciclo de la vida, o, más bien, el ciclo de la vida consciente, empieza con la separación en sexos del hombre animal mortal y terminará con el fin de la última generación de hombres, en la séptima ronda y séptima raza de la humanidad. Si consideramos que sólo nos hallamos en la cuarta ronda y quinta raza, más fácil es imaginar su duración que expresarla...

Seguramente seguiremos encarnando en nuevas personalidades durante todo el tiempo, porque esa vida cíclica o período de encarnación puede compararse muy bien con la vida humana. Como cada vida de esta última está compuesta de días de actividad, separados por noches de sueño o inacción, así, en un ciclo de encarnación, cada vida activa es seguida de un descanso devachánico.

Precisamente. Sólo por medio de esos nacimientos es como puede lograrse el progreso perpetuo de los innumerables millones de Egos hacia la perfección, y un descanso final por tanto tiempo como haya durado el período de actividad.

Y lo que regula la duración o las cualidades especiales de esas encarnaciones es Karma: la ley universal de justicia retributiva...

Para el materialista, que considera la ley de periodicidad que regula el orden de las cosas y todas las demás leyes de la Naturaleza como fuerzas ciegas y leyes mecánicas, no cabe duda de que Karma ha de ser una ley o casualidad, y nada más. Para nosotros, no hay adjetivo o calificativo alguno capaz de describir lo que es impersonal, lo que no es una entidad, sino una ley operativa universal. Si me preguntáis cerca de la inteligencia causal que existe en ello, os contestaré que no lo sé. Pero si deseáis que os defina sus efectos, y que os diga, según nuestras creencias, cuáles son, puedo deciros que la experiencia de miles de años nos ha demostrado que son la equidad, la sabiduría y la inteligencia absolutas e infalibles. Porque, en sus efectos, Karma es un reparador seguro de la injusticia humana y de todas las demás faltas de la Naturaleza, y corrige los errores con estricta justicia; es una ley retributiva que recompensa y castiga con igual imparcialidad. Estrictamente hablando, "no respeta a persona alguna", y por otra parte, no se logra aplacar ni modificar por medio de la oración. Esta creencia es común a los indos y a los buddhistas, pues ambos creen en Karma.

(C. de T.—§ XI.)

Universalidad del Karma.

La ley de Karma se aplica a todos por igual, aunque no todos están igualmente desarrollados. Ayudando al desarrollo de los demás, cree el teosofista que no sólo les ayuda a cumplir su Karma, sino que también él, en el sentido más estricto, está cumpliendo el suyo. El desarrollo de la humanidad, de la que todos somos partes integrantes, es lo que siempre se propone; y sabe que cualquier falta de su parte en responder *a lo más elevado de su sér,* no sólo le retrasa a él en su marcha progresiva, sino a todos los demás. Puede con sus acciones hacer que sea más difícil o más fácil para la humanidad alcanzar el próximo plano más elevado del ser...

Si nuestras vidas presentes dependen del desarrollo de ciertos principios, que son producto de los gérmenes que una existencia anterior nos dejó, la ley es exacta en cuanto al futuro. Una vez bien comprendida la idea de que la causalidad universal no es puramente presente, sino pasada, presente y futura, y que cada acción halla en nuestro plano el lugar que naturalmente le corresponde, se verá su verdadera relación con nosotros y con los demás. Cada acción mezquina y egoísta nos impulsa hacia atrás y no hacia adelante, y todo pensamiento noble y todo acto generoso son escalones que conducen a los planos más elevados y gloriosos del ser. Si esta vida lo fuese todo, entonces, por muchos conceptos, sería bien pobre y despreciable; mas, considerada como una preparación para la esfera inmediata de existencia, puede servir de puerta dorada por la que podemos pasar, no solos y egoístamente, sino en compañía de nuestros semejantes, a los palacios de más allá.

(C. de T.—§ XII.)

Dos buenas definiciones.

E. D. Walker, en su obra "Reencarnación", nos ofrece la explicación siguiente:

"En pocas palabras la doctrina de Karma explica que nosotros mismos nos hemos hecho lo que somos por actos anteriores, y que formamos nuestra eternidad futura con las acciones presentes. No existe otro destino fuera del que nosotros mismos determinamos. No hay salvación ni condenación alguna, excepto la que nosotros mismos nos originamos... Como Karma no ofrece amparo alguno a los actos culpables y requiere mucho valor, no encuentra entre las naturalezas débiles tan buena acogida como las fáciles doctrinas religiosas de la remisión de los pecados, la intercesión, el perdón y las conversiones de última hora... En el dominio de la eterna justicia, la ofensa y el castigo están inseparablemente unidos como un solo hecho, porque no existe diferencia real entre la acción y su consecuencia... Karma o nuestros antiguos actos son los que nos vuelven a traer a la vida terrestre. La residencia del espíritu cambia según su Karma, y Karma no consiente una larga permanencia en una misma condición, porque siempre se está modificando. Mientras esté gobernada la acción por motivos materiales y egoístas, deberán manifestarse sus efectos en renacimientos físicos. Sólo el hombre perfectamente desinteresado puede eludir el peso de la vida material. Pocos lo han logrado, mas es la meta a la que tiende la humanidad..."

Otro distinguido escritor teosófico dice *(Objeto de la Teosofía,* por Mr. A. P. Sinnett):

"Cada individuo, con cada acto y pensamiento diario, está creando Karma bueno o malo, y está al mismo tiempo agotando en esta vida el Karma producido por los actos y deseos de la anterior. Cuando vemos personas afligidas por sufrimientos naturales, puede decirse que esos sufrimientos son resultados inevitables de causas originadas por ellas mismas en un nacimiento anterior. Podrá argüirse que como esas aflicciones son hereditarias, nada pueden tener que ver con una encarnación pasada; mas preciso es tener en cuenta que el Ego, el hombre real, la individualidad, no tiene su origen espiritual en la parentela que lo reencarna, sino que es atraído por las afinidades que su género de vida anterior agrupó en derredor suyo, dentro de la corriente que lo lleva, cuando llega la hora del renacimiento, hacia la morada más adecuada para el desarrollo de esas tendencias... Esta doctrina de Karma, bien entendida, guía y auxilia a aquellos que comprenden su verdad, elevando y mejorando su vida; porque no hay que olvidar que no sólo nuestros actos, sino también nuestros pensamientos, atraen segurísimamente un cúmulo de circunstancias que han de influír bien o mal en nuestro porvenir, y lo que es más importante aún, en el porvenir de nuestros semejantes. Si los pecados por omisión o comisión sólo interesasen al Karma del pecador, el hecho tendría menos consecuencias; pero como cada pensamiento y acto en la vida entraña una influencia correspondiente, buena o mala, sobre otros miembros de la familia humana, el sentido estricto de la justicia, moralidad y generosidad son necesarios a la felicidad o progreso futuros. Ningún arrepentimiento, por grande que sea, puede borrar los resultados de un crimen ya cometido o los efectos de un mal pensamiento. El arrepentimiento, si es sincero, detendrá al hombre impidiéndole volver a caer en sus faltas; pero ni a él mismo ni a los demás tampoco puede librar de los efectos ya producidos por aquéllas, que infaliblemente recaerán sobre él, sea en esta vida o en el próximo renacimiento."

(C. de T.—§ XI.)

Perceptibilidad del Karma.

Es la ley infalible que ajusta el efecto a la causa en los planos físico, mental y espiritual del ser. Como ninguna causa deja de producir su debido efecto, desde la más grande hasta la más pequeña, desde la perturbación cósmica hasta el movimiento de nuestras manos, y como lo semejante produce lo semejante, *Karma* es aquella ley invisible y desconocida *que ajusta sabia, inteligente y equitativamente* cada efecto a su causa, haciendo remontar ésta hasta su productor. Aunque *incognoscible,* su acción es perceptible...

- Según nuestra doctrina, todos esos males sociales, la distinción de clases en la sociedad y la de los sexos en los asuntos de la vida; la distribución desigual del capital y del trabajo, etc., son debidas a lo que llamamos *Karma.*
(C. de T.—§ IX.)

Inexorabilidad de Karma.

Karma devuelve a cada hombre las *consecuencias precisas* de sus propios actos, sin tener en cuenta para nada su carácter moral; pero puesto que recibe lo que le es debido por *todo,* es evidente que tendrá que expiar todos los sufrimientos que haya causado, exactamente del mismo modo que recogerá con júbilo los frutos de la felicidad y armonía que haya contribuido a producir.

(C. de T.—§ XI.)

UN NUEVO KARMA.

El suicidio es siempre debido a una enfermedad morbosa del cerebro, o a opiniones materialistas arraigadas. Es el peor de todos los crímenes, y terrible en sus resultados...

La muerte voluntaria es la deserción de nuestro puesto actual y el abandono de los deberes que nos incumben, así como el intento de eludir las responsabilidades kármicas; todo lo cual implica la creación de nuevo Karma.

(C. de T.—§ XII.)

LA MORAL

El deber es aquello que *se debe* a la Humanidad, a nuestros semejantes, a nuestros vecinos, a nuestra familia, y especialmente lo que debemos a todos aquellos que son más pobres y desamparados que nosotros. Esta es una deuda que, no satisfecha durante la vida, nos hace espiritualmente insolventes, y crea un estado de quiebra moral en nuestra encarnación próxima. La Teosofía es la quintaesencia del *deber*...

Lo que llamáis "deberes cristianos" fueron inculcados por todos los grandes reformadores morales y religiosos, siglos antes de la Era Cristiana. No sólo se trataba antiguamente de todo lo que era grande, generoso y heroico, siendo objeto, como hoy día, de predicaciones desde el púlpito, sino que se *practicaba,* a veces por naciones enteras. La historia buddhista está llena de los actos más nobles y más heroicamente generosos. "Sed todos una sola voluntad; compadeceos el uno del otro; quereos como herma-

nos; sed misericordiosos, afables; no devolváis mal
por mal, o injuria por injuria, sino al contrario, sed
bondadosos." Observaban prácticamente estos preceptos los discípulos de Buddha, algunos siglos antes
de Pedro. Es grande, sin duda, la ética del Cristianismo; pero también es innegable que no es nueva, y
que nació del mismo modo que los deberes *paganos...*

Los que practican su deber hacia todos, y sólo por
el deber mismo, son pocos; y aún son menos los que
cumplen este deber, contentándose con la satisfacción
de su propia conciencia...

Hermosa, para leída y discutida, es la ética moderna; pero ¿qué son las palabras si no se convierten
en actos? Finalmente: si me preguntáis de qué modo
comprendemos el deber teosófico puesto en práctica
y con relación a Karma, puedo contestaros que nuestro deber es beber, sin una queja, hasta la última gota
de cualquier contenido que el destino nos ofrezca en
la copa de la vida; coger las rosas de la vida tan sólo
por el aroma que puedan exhalar *para los demás,* y
contentarnos nosotros únicamente con las espinas, si
no podemos gozar de aquel aroma sin privar a otro
de él...

No se trata de lo que nosotros, miembros de la Sociedad Teosófica hacemos—aunque algunos de nosotros hacen cuanto pueden—; de lo que se trata es
de si nos lleva la Teosofía más lejos en el camino del

bien que lo hace el Cristianismo moderno. ¡ La acción esforzada y leal es lo que digo, no la simple intención y las palabras! Un hombre puede ser lo que se le antoje, el más mundano, egoísta y duro de todos los hombres, y hasta el bribón más grande, y esto no le impedirá llamarse cristiano, ni tampoco a otro considerarle como tal. Pero ningún teosofista tiene derecho a este nombre, como no esté perfectamente imbuído de la exactitud del axioma de Carlyle: "El objeto del hombre es un *acto* y no un *pensamiento,* aunque fuese éste el más noble"; y como no amolde su vida diaria a esta verdad...

La felicidad, o mejor dicho, la satisfacción, puede ciertamente resultar del cumplimiento del deber, mas no es ni debe ser el motivo para ello.

(C. de T.—§ XII.)

Los Deberes.

El primero de los deberes teosóficos es el de cumplir el propio deber hacia *todos* los hombres y principalmente hacia aquellas personas con quienes tenemos obligaciones *especiales,* bien por haberlas asumido voluntariamente, como son los lazos del matrimonio, o porque el destino nos ha ligado a ellas, como las que debemos a nuestros padres o parientes.

Se ha de reprimir y vencer al *yo inferior, por medio del superior.* Purificarse interna y moralmente; no temer a nadie ni a nada, fuera del tribunal de su propia conciencia. No hacer jamás una cosa a medias; es decir, que si cree hacer una cosa buena, debe hacerla abierta y francamente; y si es mala, apartarse de ella por completo. Deber es de un teosofista aligerar su carga, pensando en el sabio aforismo de Epicteto, que dice: "No te dejes apartar de tu deber *por cualquiera reflexión vana que de ti pueda hacer el mundo necio,* porque en tu poder no están sus censuras, y, por consiguiente, no deben importarte nada..."

Ningún hombre tiene derecho a decir que nada puede hacer por los demás, bajo cualquier pretexto que sea. "Cumpliendo su deber en la ocasión conveniente, puede el hombre convertirse en acreedor del mundo", dice un escritor inglés. Un vaso de agua ofrecido a tiempo al viajero sediento realiza un deber más noble y más digno que una docena de comidas dadas sin oportunidad a gentes que pueden pagarlas. Un hombre que no sienta esto, jamás será *teosofista;* pero podrá, sin embargo, seguir siendo miembro de nuestra Sociedad. Carecemos de reglas para obligar a ningún hombre a convertirse en teosofista práctico si no desea serlo.

(C. de T.—§ XII.)

EL SACRIFICIO.

La Teosofía considera el propio sacrificio por el bien práctico de los muchos, como muy superior a la abnegación por una idea sectaria, como, por ejemplo, la de "salvar a los paganos de la *condenación*". En nuestra opinión, el padre Damiano (aquel joven de treinta años que sacrificó su vida entera por aliviar los sufrimientos de los leprosos de Molokai, y se fué a vivir durante diez y ocho años solo con ellos, siendo al fin atacado por tan terrible enfermedad, de la cual murió) *no ha muerto en vano*. El alivió y proporcionó una relativa felicidad a miles de pobres desgraciados. Les llevó el consuelo mental y físico. Derramó un rayo de luz en la noche oscura y terrible de una existencia, cuya amargura no encuentra otra comparable en los anales del sufrimiento humano. Era un *verdadero teosofista*, y su memoria vivirá eternamente en nosotros. Consideramos a ese pobre sacerdote belga inconmensurablemente más elevado que, por ejemplo, aquellos sinceros, pero insensatos y vanos misioneros, que han sacrificado su vida en las islas de los mares del Sur o en China. ¿Qué bien han hecho? En las primeras, trataron con seres que no eran aún aptos para recibir verdad alguna; y en cuanto a la segunda, se trata de una nación cuyos sistemas de filosofía religiosa son tan elevados como cualesquiera otros, si quisieran los que los poseen seguir el modelo de Confucio y demás sabios de su raza. Murieron víctimas de caníbales y de salvajes irresponsables, o del fanatismo y del odio populares; mientras que si hubiesen ido a los tugurios de Whitechapel u otra localidad de aquellas que se estancan y pudren bajo el sol brillante de nues-

tra civilización, llenas de salvajes cristianos y de lepra
mental, hubieran podido hacer verdadero bien y haber conservado su vida para una causa mejor y más
digna...

Si dispusiésemos de los medios necesarios para
ello, levantaríamos una estatua al padre Damiano,
santo verdadero y práctico, y perpetuaríamos su memoria para siempre, como ejemplo viviente de he-
roísmo teosófico y de compasión, y propio sacrificio
buddhista y cristiano...

Pero hemos de distinguir. Ningún hombre tiene
derecho a dejarse morir de hambre para que pueda
otro alimentarse, a no ser que la vida de este último
sea, de un modo evidente, más útil a los muchos que
la suya propia. Pero es deber suyo sacrificar su propio bienestar y trabajar por los demás, si éstos son
incapaces de trabajar por sí mismos. Deber suyo es
dar todo lo que le pertenece, por completo, si a nadie
aprovecha más que a él mismo, caso que lo guarde
egoístamente. La Teosofía enseña la propia abnegación, pero no el propio sacrificio impulsivo e inútil,
ni justifica el fanatismo.

(C. de T.—§ XII.)

LA CARIDAD.

Las ideas teosóficas acerca de la caridad significan esfuerzo *personal* para los demás; compasión
y bondad *personales;* interés *personal* en el bienes-

tar y prosperidad de los que sufren; previsión y
ayuda *personales* en sus penas y necesidades. Nosotros, teosofistas, no creemos en la eficacia del sistema de dar dinero por conducto ajeno: creemos
aumentar cien veces el poder del dinero y su eficacia
por nuestro contacto y simpatía personales con
los que lo necesitan. Creemos en el alivio del alma
tanto, si no más, como en el del estómago; porque
el agradecimiento hace un bien mayor al hombre
que lo siente que al que lo ha hecho sentir. ¿Dónde
está el agradecimiento que vuestros millones de libras esterlinas debieran haber despertado, o los
buenos sentimientos provocados por ellos? ¿Acaso
en el odio que siente el pobre del East-End hacia
el rico? ¿En el aumento del partido de la anarquía
y del desorden, o en esos centenares de infelices
muchachas obreras, víctimas del sistema "del su-
dor", obligadas diariamente a andar por las calles
para ganarse la subsistencia?...

Creemos que un buen libro que ofrece a las personas materia para pensar, que fortalece y esclare-
ce su mente, facilitándoles la inteligencia de verdades sentidas vagamente, pero que no podían for-
mular, produce un bien real y substancial. En cuanto a lo que llamáis actos prácticos de caridad en
beneficio de nuestros semejantes, hacemos lo poco
que podemos; pero, como ya os he dicho, la mayor
parte de nuestros hermanos son pobres, y la Sociedad, por sí misma, no tiene bastantes recursos para

tener a sueldo gente dedicada a su servicio. Todos los que nos esforzamos en realizarlo damos gratis nuestro trabajo y en muchísimos casos nuestro dinero. Los pocos que poseen medios de hacer lo que se llama vulgarmente actos de caridad siguen los preceptos buddhistas y trabajan por sí mismos, pero no por procuración o suscribiéndose públicamente a obras caritativas. Lo que tiene que hacer ante todo el teosofista es olvidar su personalidad.

(C. de T.—§ XII.)

LAS CLAVES DE LA FRATERNIDAD.

Los cuatro eslabones de la cadena dorada que debiera unir a la humanidad, haciendo de ella una sola familia y una fraternidad universal, son: Unidad y Causalidad universales, Solidaridad humana, Ley del Karma y Reencarnación. ¿Cómo?

En el estado presente de la sociedad, particularmente en los países llamados civilizados, tropezamos continuamente con grandes masas que sufren por efecto de la miseria, de la pobreza y de las enfermedades. Sus condiciones físicas son miserables, y sus facultades mentales y espirituales a menudo inactivas. Por otra parte, muchas personas que ocupan el extremo opuesto de la escala social viven indiferentes, entregadas al lujo material y a la complacencia egoísta. Ninguna de esas formas de existencia es hija de la pura causalidad. Ambas son efecto de las condiciones que rodean a los que están sujetos a ellas, y el abandono del deber social por un lado está en relación muy íntima con el interrumpido progreso del otro. En Sociología, como en todos los ramos de la verdadera ciencia, la ley de Causalidad universal es exacta. Pero esa Causalidad implica necesariamente, como resultado lógico, la solidaridad humana, en la que tanto insiste la Teosofía. Si la acción de una persona se deja sentir en la vida de todos los demás, y ésta es la verdadera ciencia científica, entonces, sólo convirtiéndose los hombres en hermanos y practicando todos diariamente la verdadera hermandad, es como podrá alcanzarse la solidaridad humana real, en que radica la perfección de la raza. Esta acción mutua, esta verdadera hermandad, en la que cada uno debe vivir para todos y todos para uno, es uno de los principios teosóficos fundamentales, que todo teosofista debiera obligarse, no sólo a enseñar, sino a aplicar prácticamente en su vida.

(C. de T.—§ XII.)

LA MÍSTICA

Sin exagerar nada.

La Sociedad Teosófica ni siquiera espera, y mucho menos exige de *ninguno* de sus miembros que sean ascetas en modo alguno, a no ser que llaméis ascetismo a que deben esforzarse en hacer bien a los demás y no ser egoístas.

(C. de T.—§ XIII.)

La Oración.

Un ocultista o un teósofo dirige su oración *a su Padre que existe en secreto* (leed y tratad de comprender el cap. VI, vers. 6 de Mateo), y no a un Dios extracósmico, y, por lo tanto, finito; y ese "Padre" se encuentra en el hombre mismo...

Para nosotros, el hombre interno es el único Dios que podemos conocer. ¿Y cómo puede ser de otro modo? Concedednos lo que pretendemos, es decir, que Dios es un principio infinito universalmente difundido. ¿Cómo puede en tal caso no compenetrarse el hombre con, por y en la Divinidad? Llamamos nuestro "Padre en el cielo" a aquella deífica esencia que reconocemos en nosotros, en nuestro corazón y conciencia espiritual y que nada tiene que ver con el concepto antropomórfico que podemos formar en nuestro cerebro o en nuestra imaginación: "¿No sabéis que sois el templo de Dios y que en vosotros habita el espíritu de (lo absoluto) Dios?" Sin embargo, evite el hombre antropomorfizar a aquella esencia que está en nosotros. No diga un teosofista, si quiere seguir la verdad divina y no la humana, que ese "Dios en secreto" escucha al hombre finito, o es distinto del mismo o de la esencia infinita, porque todos son uno. Ni tampoco que la oración es una petición, como acabamos de observar. Es, antes bien, un misterio: un procedimiento oculto por el cual, pensamientos y deseos condicionados y finitos, incapaces de ser asimilados por el espíritu absoluto, que es incondicionado, son transformados en deseos espirituales y en voluntad, llamándose ese procedimiento "transmutación espiritual". La intensidad en nuestras ardientes aspiraciones cambian la oración en "piedra filosofal", o aquello que transmuta el plomo en oro puro. Por nuestra "oración de voluntad", la única esencia homogénea conviértese en fuerza activa o creadora, y produce efectos de acuerdo con nuestro deseo.

(C. de T.—§ V.)

LA ORACIÓN; FUERZA Y RITMO.

El *Poder de Voluntad* se convierte en una fuerza viviente, real. Pero, desgraciados de aquellos ocultistas y teosofistas que, en vez de extirpar los deseos de su *ego* inferior personal u hombre físico, y decir a su *Ego* espiritual *superior,* rodeado de luz Atma-Búddhica: "Tu voluntad se cumpla, no la mía", usan del poder de voluntad para objetos egoístas o impíos. Esto es magia negra, abominación y hechicería espiritual. Desgraciadamente ésta es la ocupación favorita de nuestros hombres de Estado y generales cristianos, especialmente cuando estos últimos precipitan a dos ejércitos uno contra otro, para que mutuamente se destruyan. Unos y otros se entregan, antes de la acción, a un acto de brujería, ofreciendo, respectivamente, oraciones al mismo Dios de los ejércitos, pidiéndole ayuda para degollar a sus enemigos...

No sólo significa un ruego o petición, sino que antiguamente significaba más que nada una invocación o encantamiento. El *mantra* o la oración rítmica cantada de los Hindus tiene precisamente este sentido, pues los Brahmanes se consideran superiores a los *devas* comunes o "dioses". Una oración puede ser una apelación o encantamiento para una maldición y una blasfemia (como en el caso de dos ejércitos rezando simultáneamente para conseguir su mutua destrucción), o para una bendición. Y como la gran mayoría de la gente es sumamente egoísta y sólo reza para sí misma, pidiendo que se les *dé* su *"pan de cada día"*, en vez de trabajar para conseguirlo; y rogando que Dios no les induzca "en tentación", sino que les libre del mal (sólo al suplicante), resulta que la oración, tal como se entiende hoy, es doblemente perniciosa: a) Destruye en el hombre la propia confianza, y b) Desarrolla en él un egoísmo aún más feroz del que ya posee naturalmente. Repetimos que creemos en la "comunión" y acción simultánea con nuestro "Padre en Secreto", y en raros momentos de felicidad extática; en la fusión de nuestra alma superior con la esencia universal, siendo atraída hacia su origen y centro: estado llamado *Samadhi* durante la vida y *Nirvana* después de la muerte. Nos negamos a orar ante seres *creados* finitos; por ejemplo: dioses, santos, ángeles, etc., porque lo consideramos como idolatría. No podemos rezar a lo Absoluto por las razones antes expuestas, y, por consiguiente, tratamos de reemplazar la oración, estéril e inútil, por actos meritorios y buenas acciones.

(C. de T.—§ V.)

LA MAGIA.

En el cementerio del pasado remoto permanecen sus robles sagrados, ahora secos y despojados de su simbolismo espiritual por el venenoso soplo del materialismo. Para el estudiante de las ciencias ocultas, su vegetación es todavía exuberante y lozana, y tan llenos de verdades profundas y sagradas como cuando el archidruida verificaba sus curaciones mágicas y, tremolando la rama del muérdago, arrancaba con su dorada hoz el ramo verde de su madre, el roble. *La Magia es tan antigua como el hombre.* Es tan imposible citar la época en que por primera vez aparece, como indicar el día en que nació el primer hombre. Siempre que algún escritor ha intentado relacionar sus orígenes en algún país en armonía con ciertos datos históricos, investigaciones posteriores han demostrado que sus opiniones eran infundadas. Odin, el sacerdote y monarca escandinavo, creen algunos fué el primero que introdujo las prácticas mágicas unos setenta años antes de Cristo. Pero puede fácilmente demostrarse que los misteriosos ritos de las sacerdotisas llamadas *Voïlers. Valas,* son de mucho anteriores a aquella época. Algunos autores modernos se esfuerzan en probar que Zoroastro fué el fundador de la Magia, únicamente porque fué el fundador de la Religión de los magos. Ammiano Marcelino, Arnobio, Plinio y otros historiadores antiguos demuestran de una manera concluyente que sólo fué un reformador de la Magia tal como practicaban los Caldeos y los Egipcios.

(I. S. V.—I, cap. I.)

La Magia aparece en el mundo con las primeras razas de hombres. Cassiano menciona un tratado bien conocido en los siglos IV y V, que se atribuía a Cam, el hijo de Noé, quien se creía lo había recibido de Jared, la cuarta generación de Seth, el hijo de Adam.

Moisés debía sus conocimientos a la madre de la princesa egipcia Thermuthis, quien le salvó de las aguas del Nilo. La esposa de Pharaón, Batria, era una iniciada, y los judíos le debían a ella su profeta, "instruído con toda la sabiduría de los egipcios y famoso en palabras y obras". Justino Mártir, apoyándose en la autoridad de Trogo Pompeyo, nos muestra a José como habiendo adquirido grandes conocimientos en las artes mágicas de los sumos sacerdotes del Egipto.

Sabían más los antiguos, en lo que a ciertas ciencias se refiere, que lo que nuestros sabios modernos han descubierto ya. Si bien muchos repugnan confesarlo, más de un sabio lo sabe perfectamente. "El grado de conocimiento científico que existía en el primitivo período de la sociedad era mucho mayor que lo que los modernos quieren admitir", dice el doctor A. Todd. Thomson, el editor de las Ciencias Ocultas, por Sálverte; y añade: "Pero estaba encerrado en los templos, cuidadosamente velado a los ojos del pueblo y únicamente a disposición del sacerdocio." Hablando de la *Kabala*, el erudito Franz von Baader repara que "no sólo nuestra salvación y sabiduría, sí que también nuestra ciencia la debemos a los judíos". Pero ¿por qué no completar la frase y decir al lector de quiénes los judíos derivaban en sabiduría?

Orígenes, que había pertenecido a la Escuela Platónica de Alejandría, declara que Moisés, además de la doctrina que enseñó a las turbas, comunicó algunos secretos importantes "de las ocultas profundidades de la ley" a los setenta ancianos, y les mandó no comunicarlos más que a personas que fueran dignas de poseerlos.

San Jerónimo habla de los judíos de Tiberías y de Lydda como de los únicos que enseñan el sistema místico de interpretar. Finalmente, Ennemoser sostiene enérgicamente la opinión de que "los escritos de Dionisio Areopagita están visiblemente fundados en la *Kábala* judía".

(I. S. V.—I, cap. I.)

PELIGROS DE LA MAGIA PRÁCTICA.

Doble es el poder de la magia, y nada más fácil, por consiguiente, que degenere en hechicería, para lo cual *basta sólo un mal pensamiento.*

Así, pues, mientras el ocultismo teórico es inocente y hasta puede ser beneficioso, la magia práctica, el fruto del árbol de la vida y sabiduría, o sea "la ciencia del bien y del mal", está llena de riesgos y peligros.

Para estudiar el ocultismo teórico hay, sin duda, varias obras de provechosa lectura, además de libros como *Fuerzas sutiles de la naturaleza;* el *Zohar,*

el *Sepher Ietsirah*, el *Libro de Enoch*, la *Kábala* y
otros tratados herméticos, que si raros en las len-
guas vulgares de Europa, abundan en latín por haber sido sus autores los filósofos medioevales, a
quienes generalmente se les llama alquimistas o ro-
mances (1). Sin embargo, aun la lectura de esos libros puede perjudicar al estudiante sin guía que los
abra sin llave adecuada ni capacidad para distinguir los senderos diestro y siniestro de la magia.
En este caso aconsejaríamos al estudiante que no
emprendiese la tarea, pues acarrearía sobre sí y los
suyos males y opiniones sin conocer su proceden-
cia y naturaleza, que, despertados por su mente,
gravitarían sobre su vida.

Muchas son las obras adecuadas a los estudiantes adelantados; pero tan sólo deben ponerse a disposición de discípulos juramentados o chelas, cuyo
explícito y solemne compromiso les dé derecho a
protección y ayuda. En cualquier otro caso la lectura, por bien intencionadas que sean las obras, lle-
vará indefectiblemente, por falta de dirección, a la
magia hechicera, o tal vez a cosa peor.

Los caracteres místicos, las letras, los números,
especialmente estos últimos, son la parte más peligrosa de cuanto se habla en la *Gran Kábala*. Y
decimos la más peligrosa por la mera rapidez de su

(1) Eso era cierto cuando la autora escribió esas líneas;
pero hoy todos esos libros pueden leerse en inglés, fran-
cés, alemán e italiano, y lejos de ser secretos pueden estar
en manos de todo el mundo.—R. U.

efecto, independientemente de la voluntad del experimentador y aun sin su conocimiento. Algunos estudiantes pueden corroborar la exactitud de esta afirmación por cuanto después de manipular con estos números advirtieron horrendos resultados de orden físico, siendo todavía más peligrosas las causas morales producidas y los varios acontecimientos sobrevenidos en imprevistas crisis.

Esto atestigua cuán cierto es que no conviene dejar a los estudiantes profanos la facultad de discernir.

(D. S.—III, § VI.)

LOS PODERES SOBRENATURALES.

Numerosas y variadas son las sectas en China, Siam, Tartaria, Thibet, Cachemira y en la India Británica que dedican sus vidas al cultivo de los llamados "poderes sobrenaturales". Discurriendo acerca de una de estas sectas, los *Taossé*, dice Semedo: Pretenden ellos que por medio de ciertos ejercicios y meditaciones pueden unos recobrar su juventud y otros llegar a ser *Shien-sien*, o lo que es lo mismo, Beati Terrestres, en cuyo caso pueden satisfacerse todos los deseos, gozando al mismo tiempo de la facultad de trasladarse de un lugar a otro *por distante que sea* con prontitud y facilidad. Esta facultad sólo se refiere a la *proyección* de la *entidad astral*, en una forma más o menos materializada, pero no seguramente a la locomoción del cuerpo físico. No es más

milagroso este fenómeno que la reflexión de uno vista en un espejo. Nadie puede percibir en semejante
imagen una sola partícula de materia, y, sin embargo, allí está nuestro doble reflejando fielmente hasta
cada uno de nuestros cabellos. Si por medio de esta
simple ley de reflexión, puede verse nuestro doble en
un espejo, ¡cuánto mayor y más real no es la prueba
que de su existencia nos da el arte de la fotografía!
*El que nuestros físicos no hayan encontrado todavía
los medios de sacar fotografías como no sea a cortas
distancias, no es una razón para que esta adquisición
sea una cosa imposible para aquellos que han encontrado estos medios en el poder de la misma voluntad
humana, desligada de toda suerte de intereses mundanos* (1). Nuestros pensamientos son *materia,* dice
la ciencia; toda energía produce una perturbación
mayor o menor en las ondas atmosféricas. Por lo
tanto, desde el momento que cada hombre—en común con todos los demás seres vivientes y hasta los
objetivos inertes—posee una *aura* producida por sus
propias emanaciones, que le circunda, y que además

---

(1) Allá por los años de 1838 y 1840, corría como válida
una anécdota entre los amigos de Daguerre. Unos dos meses antes de la presentación del célebre procedimiento
Daguerriano a *L'Académie des Sciences*, por Arago (ju-
nio, 1839), madame Daguerre, en una tertulia, consultó con
grandísimo interés a una de las celebridades médicas del
día acerca de la condición mental de su marido. Después
de explicar al médico los numerosos síntomas de lo que
creía ella ser observación mental de su marido, añadió, con
lágrimas en los ojos, que para ella la mayor prueba de la
locura de Daguerre, era su firme convicción de que logra-
ría clavar su propia sombra en la pared, o fijarla en placas
metálicas *mágicas*. Escuchó el facultativo con mucha aten-

puede, por un simple esfuerzo de su voluntad, trasladarse en imaginación adonde quiere, ¿por qué ha de ser científicamente imposible que su pensamiento, regulado, intensificado y guiado por aquel poderoso mago, la VOLUNTAD, educada, pueda asumir forma córpórea durante un tiempo dado y aparecer ante quien desee como una fiel duplicación original? ¿Es acaso esta anunciación, dado el estado actual de la ciencia, algo más inconcebible de lo que eran la fotografía o el telégrafo aun no hace de ello cuarenta años o el teléfono no hace aun catorce meses? (1).

Si la placa sensible puede con tanta minuciosidad apoderarse de la *imagen* de nuestros semblantes, debe en este caso esta reflexión o imagen ser algo substancial, aunque no seamos capaces de percibirla. Y si podemos, con auxilio de instrumentos ópticos, proyectar nuestras *imágenes* sobre una pared blanca, a una distancia de varios centenares de pies, algunas veces, entonces no existe razón ninguna para que los adeptos, los alquimistas, los sabios del arte secreto no hayan ya encontrado lo que los hombres de cien-

ción la consulta, y contestó que él mismo había observado últimamente en Daguerre los más inequívocos síntomas de lo que, según su modo de ver, era una prueba innegable de locura, concluyendo por aconsejarla formalmente que, con el mayor sigilo y sin pérdida de tiempo, enviase a su marido a Bicetre, el bien conocido asilo de lunáticos. Dos meses después, un profundo interés se despertaba en el mundo del Arte y de la Ciencia, con la exhibición de numerosos dibujos sacados con el nuevo procedimiento. Las *sombras* fueron al fin fijadas sobre placas metálicas, y el «lunático», proclamado el padre de la Fotografía.

(1) *Isis sin Velo* apareció en 1877.

cia niegan actualmente, pero que ciertamente pueden descubrir mañana; esto es, el modo de proyectar eléctricamente sus cuerpos astrales de una manera instantánea a través de millares de millas del espacio, dejando sus cáscaras materiales, con una cierta porción del principio vital animal para conservar la vida física, y obrando dentro de sus cuerpos espirituales y etéreos tan segura e inteligentemente como cuando se hallaban revestidos con su cubierta de carne. Existe una forma de electricidad mucho más elevada que la física, única que conocen los investigadores; un gran número de correlaciones de esta última permanecen todavía ocultas para el ojo del físico moderno, y nadie puede decir en dónde sus posibilidades terminan.

(I. S. V.—II, cap. XII.)

LA TAUMATURGIA ADQUIRIDA.

La plegaria y la contemplación, unidas al ascetismo, son los mejores medios para llegar a ser taumaturgo cuando falta la iniciación. Por la plegaria sostenida, por el cumplimiento de determinado objeto se concretan en magia inconsciente la interna voluntad y el vivo anhelo.

(D. S.—III, § XIV.)

TRANSMISIONES MÁGICAS,

Los ganaderos nos dicen que los animales jóvenes no deben juntarse con los adultos, y los médicos inteligentes prohiben a los padres tener a sus hijos en su misma cama. Cuando David era viejo y débil se reanimaron sus fuerzas vitales teniendo el rey una joven en su lecho, en íntimo contacto con él, de modo que pudiese absorber su vigor. La última emperatriz de Rusia, hermana del actual emperador de Alemania, estaba tan débil en los últimos años de su vida, que los médicos la aconsejaron formalmente que tuviese por las noches en su cama una muchacha campesina, sana y robusta Cualquiera que haya leído la descripción hecha por el doctor Kerner acerca de la vidente de Prevost, Mme. Hauffe, recordará bien las palabras de ésta. Decía ella continuamente que sólo sostenía su vida gracias a la atmósfera de las personas que la rodeaban y a sus *emanaciones magnéticas,* las cuales se avivaban extraordinariamente en virtud de su sola presencia. La vidente era evidentemente un *vampiro* magnético, que absorbía, atrayéndola a sí, la vida de todos aquellos que eran bastante robustos para cederle parte de su vitalidad en forma de sangre *volatilizada.* El doctor Kerner hace notar que dichas personas estaban más o menos afectadas por esta pérdida de fuerzas.

Con estos ejemplos familiares acerca de la posibilidad de que un flúido sutil sea comunicado de un individuo a otro, o a las substancias que dicho individuo toque, se hace menos difícil el comprender que por medio de una determinada concentra-

ción de la voluntad, un objeto, que de otro modo
sería inerte, puede ser dotado de una potencia pro-
tectora o destructora, según sea el objeto que se
proponga.

(I. S. V.—I, cap. XIII.)

EL OCULTISMO PREVALECERÁ AL FIN.

Las verdades subyacentes en los misterios ocultos serán imposturas para mil lectores, y uno tan
sólo podrá estimarlas en su valor. Esto es muy natural y justifica el "voto de silencio" de los pita-
góricos, renovable cada cinco años, pues de otro
modo la sociedad llamada culta (cuyos dos tercios
se consideran obligados a creer que desde la aparición del primer adepto medio mundo engaña al
otro medio) afirmaría su hereditario y tradicional
derecho de apedrear al innovador. Tal vez tan tris-
te hecho dé mayor fuerza a quienes, aplicando pre-
cipitadamente el célebre axioma de Carlyle sobre la
necedad del vulgo, tienen la precaución de contarse
entre las excepciones y miran a la humanidad como
una mezcolanza de idiotas y bribones. Pero esto
importa poco. El desquite de los ocultistas y de su
ciencia secreta se está preparando lenta y firmemente por sí propio en el corazón de la sociedad,
hora por hora, día por día y año por año en forma
de dos ramas colosales: el espiritismo fenoménico
y la Iglesia romana

Los hechos resaltan con frecuencia entre las ficciones. Las varias modalidades del error constriñen cual una enorme boa al género humano, intentando ahogar con su flagelante cola toda aspiración a la verdad y toda ansia de luz. Pero el error sólo tiene potencia superficial, porque no puede ahondar la naturaleza oculta que circuye el globo entero en todos sentidos, sin excepción de un solo punto; y por fenómenos o por milagros, por el aliciente del espiritista o por el del clérigo, el ocultismo triunfará antes de que nuestra Era llegue al "triple septenario de Saturno" del ciclo occidental en Europa, o sea antes de terminar el siglo XXI.

Verdaderamente el mantillo del remoto pasado no está muerto, tan sólo reposa. El esqueleto de los sagrados robles draídicos aun puede retoñar a nueva vida, como brotó hermosa espiga del grano de trigo hallado en el sarcófago de una momia cuatro veces milenaria. ¿Y por qué no? La verdad es mucho más extraña que la ficción. Cualquier día puede vindicarse inopinadamente y humillar la arrogante presunción de nuestra época, probando que la Fraternidad Secreta no se extinguió con los filalateos ni con la escuela ecléctica, que todavía hay gnósticos en la tierra y que son muchos sus discípulos, aunque permanezcan ignorados. Todo esto pueden llevarlo a cabo uno o varios de los grandes Maestros que visitan a Europa, burlando a su vez a los presuntuosos burladores y detractores de la magia. Varios autores de nota han mencionado esta

Fraternidad Secreta, y de ella se habla en la *Real Enciclopedia Masónica,* de Mackenzie.

(D. S.—III, § I.)

Los Mahatmas.

Son hombres de gran instrucción, a los que designamos con el nombre de Iniciados, y cuya santidad de vida es aún mayor. No son ascetas en el sentido ordinario del término, aunque seguramente permanecen apartados de la agitación y de las luchas del mundo occidental...

Oí decir una vez a una persona extraña a la Sociedad Teosófica que eran una especie de *sirenas masculinas,* o cosa por el estilo. Pero si hacéis caso de lo que dice la gente, jamás podréis formaros de ellos un concepto exacto. En primer lugar son *hombres vivientes,* que han nacido como nosotros y están condenados a morir como los demás mortales.

(C. de T.—§ XIV.)

¿Qué fuerzas emplean?

Los poderes que emplean son, sencillamente, producto del desarrollo de fuerzas latentes en todo hombre y mujer, cuya existencia empieza a reconocer la misma ciencia oficial.

(C. de T.—§ X.)

DOCTRINAS Y ENSEÑANZAS TEOSÓFICAS

Un Maestro pasa...

Más de dos años antes de que dejásemos el suelo de Norteamérica veníamos manteniendo correspondencia con un sapientísimo brahmán, que actualmente (1879) es una legítima gloria en toda la India. Bajo su dirección habíamos venido para estudiar el antiguo país de *los arias,* sus *Vedas* y su lengua. Llámase el sabio el swami Dayanand Saraswati. *Swamis* se dice a los anacoretas iniciados en muchos misterios de la Naturaleza y del Hombre, misterios que yacen impenetrables para el común de los mortales. Son ellos monjes ascetas, que jamás se casan, y absolutamente distintos de esotras fraternidades mendicantes llamadas de los *Hossein* y de los *Sannyasis.* Este pandit es un perfecto enigma para todo el mundo, y está considerado como el mayor sanscritista de toda la India. Hasta hace unos cinco años había vivido solitario, aislado de todo en una espesa selva, al modo de los antiguos gimnosofistas que mencionan los clásicos griegos y latinos, apareciendo de nuevo en el mundo como adalid de las más heroicas empresas. Después de su voluntario aislamiento, estaba a la sazón estudiando los principales sistemas filosóficos de la "Arya-vartta" y el significado oculto de los *Vedas,* auxiliado por otros místicos y anacoretas...

Tan luego como apareció en público Dayanand Saraswati, causó una sensación inmensa, y mereció bien pronto por sus atrevimientos el nombre de "el Lutero de la India". Vagando de una en otra población, tan pronto en el Norte como en el Sur, y trasladándose de un extremo a otro del país con celeridad increíble, él ha visitado toda la India, desde Bombay a Calcuta y del Cabo Comorín a los Himalayas, predicando la *Deidad Una y Única*, y probando, con las Vedas en la mano, que en las más antiguas escrituras no hay ni una sola palabra que pueda justificar el actual politeísmo. El gran orador sagrado lucha con todo su poder contra las castas, contra el casamiento de los niños, y contra todo linaje, en fin, de supersticiones, lanzando rayos y truenos contra la idolatría. Pero sus más formidables arremetidas las guarda contra los brahmanes, a quienes culpa de haber fomentado todos los males incrustados en la India por siglos y más siglos de casuística interpretación de los Vedas, y acusándoles públicamente de ser los únicos culpables del estado de abyecta humillación en la que yace el país, país antaño grande e independiente y hoy esclavizado y envilecido. No obstante tan atrevidas predicaciones, la Gran Bretaña tiene en él un aliado y no un enemigo, por cuanto suele decir a todos los que quieren oírle: "—Si expulsáis a los ingleses, inmediatamente después, vosotros, yo y todo aquel que se alce contra el culto de los ídolos, seremos degollados cual pobres corderillos. Los musulmanes son más fuertes que los idólatras; pero los idólatras son más fuertes que nosotros."

El swami Dayanand, en meros cinco años de predicaciones estupendas, hizo unos dos millones de prosélitos, principalmente entre las altas clases, y, a juzgar por todas las apariencias, ellos están prontos a sacrificar por él sus almas, sus vidas, y lo que les es con frecuencia más estimado que la vida misma, o sean sus bienes materiales. Dayanand, como verdadero yogui, jamás toca dinero alguno con sus manos y hasta desprecia estas cuestiones ínfimas, contentándose por todo alimento con unos cuantos puñados de arroz cada día, sobriedad ante la cual uno casi llega a pensar que acaso lleva una como encantada vida, en vista, además, de su serenidad pasmosa ante el torrente desatado de las pasiones humanas más inferiores que despierta, y que tan peligrosas suelen ser en la India. Una marmórea estatua no permanecería más impasible que él ante las irritadas muchedumbres de fanáticos, y una vez pudimos verle en acción; despidió, en efecto, a todos sus fieles secuaces, prohibiéndoles que velasen sobre él ni menos que le defendiesen, y se quedó solo, frente por frente de una multitud furibunda, mirando impasible al monstruo colectivo que parecía dispuesto a lanzarse sobre él y despedazarle.

Su existencia real.

Afirmamos que *existen*. Sin embargo, de poco sirve nuestra afirmación. Muchas personas, entre

éstas algunos teosofistas y ex teosofistas, declaran
que jamás han tenido pruebas de su existencia. Está
muy bien. En este caso. Mme. Blavatsky contesta
con la alternativa siguiente: Si los ha inventado,
ha inventado también su filosofía y los conocimientos
prácticos que unos pocos han adquirido; y si
es así, ¿qué importa que existan o no, puesto que
ella misma está presente y que en todo caso difícilmente
puede negarse *su propia existencia?* Si los
conocimientos que ella supone le han sido transmitidos
por ellos son intrínsecamente buenos, y son
aceptados como tales por muchas personas de una
inteligencia superior, ¿por qué han de armar semejante
algazara sobre esta cuestión? Jamás se ha
probado que fuese una impostora, y este punto
siempre quedará *sub judice;* mientras que es un
hecho cierto e innegable que, sea quien fuese el
inventor de la filosofía predicada por los Maestros,
ésta es una de las filosofías más grandiosas y benéficas
que hayan existido jamás si se la comprende
exactamente. Así, pues, los calumniadores, movidos
por los sentimientos más bajos y mezquinos (como
son el odio, venganza, malignidad, vanidad ofendida
o ambición frustrada), no parecen darse cuenta
alguna de que están pagando el mayor tributo a
sus poderes intelectuales. Sea, ya que esos desgraciados
locos así lo quieren. Realmente, Mme. Blavatsky
no se opone en lo más mínimo a que sus
enemigos la representen como un *triple adepto* y un
"Mahatma" completo. Tan sólo la repugnancia que

siente ante sus propios ojos a vestirse con plumas de pavo real es la que la ha obligado a insistir en la verdad hasta ahora.

(C. de T.—§ X.)

LOS MAESTROS VELAN.

Mas debo deciros que durante el último cuarto de cada siglo intentan aquellos "Maestros" de que he hablado fomentar el progreso espiritual de la Humanidad de una manera marcada y definida. Hacia el final de cada siglo encontraréis invariablemente un impulso de espiritualidad (llamadlo misticismo si así lo preferís). Algunas personas han aparecido en el mundo como sus agentes y han dado una suma mayor o menor de conocimientos y enseñanzas ocultas. Si os place, podéis observar esos movimientos remontándoos en el pasado, siglo por siglo, tan lejos como nos lo permiten nuestros datos históricos.

(C. de T.—Conclusión.)

¿HAN DICTADO ALGUNA OBRA?

Algunas lo han sido. Se encuentran trozos enteros dictados por ellos *verbatim;* pero en la mayoría de los casos inspiran sólo las ideas, dejando a los escritores el cuidado de la forma literaria.

(C. de T.—§ X.)

LA DOCTRINA SUBLIME

Las páginas siguientes no son de Mme. Blavatsky, y asegura ella haberlas traducido del tibetano, mejor dicho, del zenzar, la lengua sacerdotal de los lamas; pero han sido tomadas de la misma cantera que dió origen a la *Doctrina Secreta,* basada en el *Libro de Dzyan.*

Y como al traducirlas Mme. Blavatsky no recomendó, sino que extendió y propagó la intensa moral que contienen, es claro que la doctrina que sustentan es "la misma que ella quería ver en el corazón de todos los hombres".

La versión se hizo para bautizar a los más perfectos cristianos con las aguas del Ganges, no para borrar en ellos los efectos de las del Jordán, sino para que descendiese sobre ellos el Supremo Espíritu en una nueva desgarradura de los velos celestes y de los densos de Maya, que nos ocultan la realidad de las cosas y de nosotros mismos.—R. U.

LA VOZ DEL SILENCIO.

Las presentes instrucciones son para aquellos que ignoran los peligros de los poderes inferiores.

El que pretenda oír la voz de la Nada, el "sonido insonoro", y comprenderla, tiene que enterarse de la naturaleza de la concentración.

Habiéndose vuelto indiferente a los objetos de percepción, debe el discípulo ir en busca del rey de los sentidos, al Productor del pensamiento, aquel que despierta la ilusión.

La Mente es el gran destructor de lo Real.

Destruya el discípulo al Destructor.

Porque:

Cuando su propia forma le parezca ilusoria, como, al despertar, todas las formas que en sueños ve; cuando él haya cesado de oír los muchos sonidos, entonces podrá discernir al UNO, al sonido interno que mata al externo; entonces únicamente, y no antes, abandonará la región de lo falso, para entrar en el reino de lo verdadero.

Antes que el alma pueda ver, debe haberse alcanzado la armonía interior, y los ojos carnales han de estar cegados a toda ilusión.

Antes que el alma pueda oír, es menester que la imagen (hombre) se vuelva tan sorda a los rugidos como a los susurros; a los bramidos de los elefantes furiosos, como al zumbido argentino de la dorada mosca de fuego.

Antes que el alma sea capaz de comprender y recordar, debe estar unida con el Hablante silencioso, de igual modo que la forma en la cual es modelada la arcilla lo está al principio con la mente del alfarero.

Porque entonces el alma oirá y recordará.

Y entonces al oído interno hablará la voz del silencio, y dirá:

Si tu alma sonríe mientras se baña en la luz del Sol de tu vida; si canta tu alma dentro de su crisálida de carne y materia; si llora en su castillo de ilusiones; si pugna por romper el hilo argentino que la une al Maestro, sabe, discípulo, que tu alma es de la tierra.

Cuando tu alma en capullo presta oído al bullicio mundanal; cuando responde a la rugiente voz de la Gran Ilusión; cuando temerosa a la vista de las ardientes lágrimas de dolor, y ensordecida por los gritos de desolación, se refugia tu alma, a manera de cautelosa tortuga, dentro de la concha de la personalidad, sabe, discípulo, que tu alma es altar indigno de su "Dios" silencioso.

Cuando, ya más fortalecida, tu alma se desliza de su seguro refugio, y arrancándose del tabernáculo protector extiende su hilo de plata y se lanza adelante; cuando, al contemplar su imagen en las olas del espacio, murmura: "Este soy yo", declara, discípulo, que tu alma está presa en las redes de la ilusión.

Esta tierra, discípulo, es la Mansión de dolor, en donde hay colocados a lo largo del Sendero, de tremendas pruebas, diferente lazos para coger a tu Yo, engañado con la ilusión llamada "Gran Herejía".

Esta tierra, ¡oh, ignorante discípulo!, no es sino el sombrío vestíbulo por el cual uno se encamina al crepúsculo que precede al valle de la luz verdadera; luz que ningún viento puede extinguir; luz que arde sin pábilo ni combustible.

Dice la gran Ley: "Para llegar a ser conocedor del Yo entero, debes primeramente ser conocedor del yo." Para lograr el conocimiento de tal yo, tienes que abandonar el *Yo* al No-Yo, el Ser al No-Ser, y entonces podrás tú reposar entre las alas de la Gran Ave. Sí, dulce es el reposo entre las alas de aquello que no ha nacido ni muere; antes bien es el Aun a través de las eternidades.

Monta en el Ave de la Vida si pretendes saber.

Abandona tu vida si quieres vivir.

Tres vestíbulos, ¡oh, fatigado peregrino!, conducen al término de los penosos trabajos. Tres vestíbulos, ¡oh vencedor del Engañador!, te conducirán por tres diversos estados al cuarto, y de allí a los siete mundos, a los mundos del Eterno reposo.

Si deseas saber sus nombres, oye y recuerda:

El primero se llama *Ignorancia*.

Es el vestíbulo en que tú viste la luz, en que vives y en que morirás.

El segundo se llama de la *Instrucción*. En él encontrará tu alma las flores de vida, pero debajo de cada flor una serpiente enroscada.

El nombre del tercero es *Sabiduría*, más allá del cual se extienden las aguas sin orillas de la fuente inagotable de Omnisciencia.

Si quieres cruzar seguro el primer vestíbulo, haz que tu mente no tome por la luz del sol de vida los fuegos de concupiscencia que allí arden.

Si pretendes cruzar sano y salvo el segundo, no te detengas a aspirar el aletargador perfume de sus flores. Si de las cadenas kármicas quieres libertarte, no busques tu maestro en aquellas mayávicas regiones.

Los sabios no se detienen jamás en los jardines de recreo de los sentidos.

Los sabios desoyen las halagadoras **voces de la** ilusión.

Aquel que ha de darte nacimiento, búscalo en el vestíbulo de la Sabiduría, el vestíbulo que está situado más allá, en donde son desconocidas todas las sombras y donde la luz de la verdad brilla con gloria inmarcesible.

Aquello que es increado reside en ti, discípulo, como reside en aquel vestíbulo. Si quieres llegar a él y fundir los dos en uno, debes despojarte de las negras vestiduras de la ilusión. Acalla la voz de la carne, no consientas que ninguna imagen de los sentidos se interponga entre su luz y la tuya, para que así las dos puedan confundirse en una. Y tan pronto te hayas persuadido de tu propia ignorancia, huye del vestíbulo de la Instrucción. Este vestíbulo, tan peligroso en su pérfida belleza, es necesario sólo para tu prueba. Cuidado, discípulo, no sea que, deslumbrada por el resplandor ilusorio, se detenga tu alma y en su engañosa luz quede presa.

Esta luz radiante emana de la joya del Gran Engañador, hechiza los sentidos, ciega la mente y convierte al incauto en un náufrago desvalido.

La pequeña mariposa, atraída por la deslumbradora luz de tu lámpara de noche, está condenada a perecer en el viscoso aceite. El alma imprudente que deja de luchar aferrada con el demonio burlón de la ilusión, volverá a la tierra como esclava del Engañador.

Contempla las legiones de almas. Mira cómo se

ciernen sobre el proceloso mar de la vida humana, y cómo exhaustas, perdiendo sangre, rotas las alas, caen una tras otra en las encrespadas olas. Sacudidas por los huracanes, acosadas por el furioso vendaval, precipítanse en los regolfos y desaparecen abismadas en el primer gran vórtice.

Si desde el vestíbulo de la Sabiduría pretendes pasar al Valle de Bienaventuranza, cierra por completo tus sentidos, discípulo, a la grande y espantable herejía de separatividad que te aparta de los demás.

No permitas que tu "nacido del cielo", sumido en el mar de la ilusión, se desprenda del Padre Universal; antes deja que el ígneo Poder se retire al recinto más interno, la cámara del corazón y morada de la Madre del Mundo.

Entonces, desde el corazón, aquel Poder ascenderá a la región sexta, la región media, el lugar situado entre tus ojos, cuando se convierte en el aliento del Alma una la voz que todo lo llena, la voz de tu Maestro.

Sólo entonces podrás tú convertirte en "Paseante del cielo", que con su planta huella las auras sobre las olas, sin que a su paso los pies toquen las aguas

Antes que puedas sentar el pie en el peldaño superior de la escala, la escala de los místicos sonidos, tienes que oír la voz de tu Dios interno de siete modos distintos.

Como la melodiosa voz del ruiseñor entonando un canto de despedida a su compañera, es el primero.

Percíbese el segundo a la manera del sonido de un címbalo argentino de los Dhyanis, despertando las centelleantes estrellas.

Suena el siguiente como el lamento melodioso del espíritu del océano aprisionado dentro de su concha.

Y éste va seguido del canto del laúd.

El quinto, a manera de flauta de bambú, suena vibrante en tu oído.

Y luego se convierte en sonido de trompeta.

El último vibra como el sordo retumbar de una nube tempestuosa.

El séptimo absorbe todos los demás sonidos. Estos se extinguen, y no se les vuelve a oír más.

Cuando los seis han sido muertos y abandonados a los pies del Maestro, entonces el discípulo está sumido en el UNO, se convierte en este UNO y en él vive.

Antes de entrar en aquel sendero, debes destruir tu cuerpo lunar, expurgar tu cuerpo mental y purificar tu corazón.

Las puras aguas de eterna vida, claras y cristalinas,

no pueden mezclarse con los cenagosos torrentes del tempestuoso monzón.

La gota de rocío celeste que, acariciada por el primer rayo de sol matutino, brilla en el seno del loto, una vez caída al suelo, conviértese en barro; mira: la perla es ahora una partícula de cieno.

Lucha con tus pensamientos impuros antes que ellos te dominen. Trátalos como pretenden ellos tratarte a ti, porque si, usando de tolerancia con ellos, arraigan y crecen, sábelo bien, estos pensamientos te subyugarán y matarán. Cuidado, discípulo, no permitas que ni aun la sombra de ellos se acerque a ti. Porque crecerá, aunmentará en magnitud y poder y entonces esta cosa de tinieblas absorberá tu ser antes que te hayas dado cuenta de la presencia del monstruo negro y abominable.

Antes que el "místico Poder" pueda hacer de ti un dios, ¡oh, discípulo!, debes haber adquirido la facultad de destruir a voluntad tu forma lunar.

El Yo material y el Yo espiritual jamás pueden estar juntos. Uno de los dos tiene que desaparecer: no hay lugar para entrambos.

Antes que la mente de tu alma pueda comprender, el capullo de la personalidad debe ser aplastado, y el gusano del sensualismo ha de ser aniquilado, sin resurrección posible.

No puedes recorrer el sendero antes que tú te hayas convertido en el sendero mismo.

Haz que tu alma preste oído a todo grito de dolor, de igual modo que descubre su corazón el loto para absorber los rayos del sol matutino.

No permitas que el sol ardiente seque una sola lágrima de dolor antes que tú mismo la hayas enjugado en el ojo del afligido.

Pero deja que las ardientes lágrimas humanas caigan una por una en tu corazón, y que en él permanezcan sin enjugarlas, hasta que se haya desvanecido el dolor que las causara.

Estas lágrimas, ¡oh, tú, de corazón muy compasivo!, son los arroyos que riegan los campos de caridad inmortal. En este suelo es donde crece la flor de la media noche, la flor de Buddha, más difícil de encontrar y más rara de ver que la flor del árbol vogay. Es la semilla que libra del renacimiento. Pone al iniciado a cubierto de toda lucha y concupiscencia y le guía a través de las regiones del Ser a la paz y beatitud conocidas únicamente en la región del Silencio y del No-Ser.

Mata el deseo; pero si lo matas, vigila atentamente, no sea que de los muertos se levante de nuevo.

Mata el amor a la vida; pero si lo matas, procura que no sea por la sed de vida eterna, sino para substituir lo pasajero con lo perdurable.

Nada desees. No te irrites contra el *Karma* ni contra las leyes inmutables de la Naturaleza. Lucha tan sólo contra lo personal, lo transitorio, efímero y perecedero.

Ayuda a la Naturaleza y con ella trabaja, y la Naturaleza te considerará como uno de sus creadores y te prestará obediencia.

Y ante ti abrirá de par en par las puertas de sus recintos secretos, y pondrá de manifiesto ante tus ojos los tesoros ocultos en las profundidades mismas de su seno puro y virginal. No contaminados por la mano de la materia, muestra ella sus tesoros únicamente al ojo del Espíritu, ojo que jamás se cierra y para el cual no hay velo alguno en todos sus reinos.

Entonces te indicará los medios y el camino, la puerta primera y la segunda y la tercera, hasta la misma séptima. Y luego te mostrará la meta, más allá de la cual hay, bañadas en la luz del sol del Espíritu, glorias inefables, únicamente visibles para los ojos del alma.

Sólo existe una vereda que conduzca al sendero; sólo al término de ella puede oírse la "Voz del Silencio". La escala por la cual asciende el candidato está formada por peldaños de sufrimiento y de dolor: éstos únicamente pueden ser acallados por la voz de la virtud. ¡Ay de ti, discípulo, si queda un solo vicio que no hayas dejado atrás! Porque entonces la escala cederá bajo tus plantas, y te precipitará: su base descansa en el profundo cenagal de tus pecados y defectos, y antes que puedas aventurarte a cruzar este ancho abismo de materia, tienes que lavar tus pies en las aguas de la Renunciación. Sé precavido, no sea que pongas un pie todavía manchado en el peldaño inferior de la escala. ¡Ay de aquel que se atreva a ensuciar con sus pies fangosos un escalón tan sólo! El cieno inmundo y pegajoso se secará, se hará tenaz, pegará sus pies en aquel sitio, y como el pájaro cogido en la liga del cazador astuto, quedará imposibilitado para un nuevo progreso. Sus vicios adquirirán forma, y le arrastrarán hasta el fondo. Sus pecados levantarán la voz, semejante a la risa y al plañido del chacal después de la puesta del sol; sus pensamientos se convertirán en un ejército y se lo llevarán tras sí como a un esclavo.

Mata tus deseos, reduce tus vicios a la impotencia, antes de dar el primer paso en el solemne viaje.

Ahoga tus pecados, enmudécelos para siempre, antes de levantar un pie para subir la escala.

Aquieta tus pensamientos y fija toda la atención en tu Maestro, a quien todavía no ves, pero a quien tú sientes.

Funde tus sentidos en uno solo si quieres estar seguro contra el enemigo. Por medio de este sentido único, que está oculto en la concavidad de tu cerebro, es como puede mostrarse ante los ofuscados ojos de tu alma el escarpado sendero que a tu Maestro conduce.

Largo y penoso es el camino que tienes ante ti. Un

solo pensamiento acerca de lo pasado que dejaste en pos de ti, te arrastrará al fondo y tendrás que emprender de nuevo la subida.

Mata en ti mismo todo recuerdo de pasadas experiencias. No mires atrás, o estás perdido.

No creas que pueda extirparse la concupiscencia satisfaciéndola o saciándola, pues esto es una abominación inspirada por el Engañador. Alimentando al vicio es como se desarrolla y adquiere fuerza, a la manera del gusano que se ceba en el corazón de la flor.

La rosa tiene que convertirse nuevamente en el capullo nacido de su tallo generador antes que el parásito haya roído su corazón y chupado su savia vital.

El árbol de oro produce las yemas preciosas antes que la tormenta haya maleado su tronco.

El discípulo ha de recobrar *el estado infantil que perdió* antes que el sonido primero pueda herir su oído.

La luz del Maestro uno, la luz áurea e inextinguible del Espíritu, lanza desde el principio mismo sus refulgentes rayos sobre el discípulo. Sus rayos pasan a través de las densas y obscuras nubes de la materia.

Ora aquí, ora allí estos rayos la iluminan, de igual modo que a través del espeso follaje de la selva los rayos del sol alumbran la tierra. Pero a menos de ser pasiva la carne, fría la cabeza y el alma tan firme y pura como deslumbrador diamante, sus irradiaciones no llegarán a lo más íntimo, sus rayos no calentarán el corazón, ni los místicos sonidos de las alturas akásicas llegarán al oído del discípulo, a pesar de todo su entusiasmo, en el grado inicial.

A menos de oír, tú no puedes ver.

A menos de ver, tú no puedes oír. Oír y ver: he aquí el segundo grado.

Cuando el discípulo ve y oye, y cuando huele y gusta teniendo cerrados los ojos, los oídos, la boca y la nariz; cuando los cuatro sentidos se confunden y se hallan prestos a pasar al quinto, al del tacto interno, entonces ha pasado él al grado cuarto.

Y en el quinto, ¡ oh, matador de tus pensamientos!, todos éstos tienen que ser muertos de nuevo, sin esperanza alguna de reanimación.

Aparta tu mente de todos los objetos externos, de toda visión exterior. Aparta las imágenes internas, no sea que proyecten una negra sombra en la luz de tu alma.

Tú estás ahora en la concentración, el grado sexto.

Una vez hayas pasado al séptimo, ¡ oh, tú, dichoso!, no verás ya más el Tres sagrado, porque tú mismo habrás venido a ser dicho Tres. Tú mismo y la mente, como gemelos en una línea, y la estrella, que es tu meta, ardiendo encima de tu cabeza. Los tres que moran en la gloria y bienaventuranza inefables han perdido ahora sus nombres en el mundo de la ilusión. Se han convertido en una estrella única: el fuego que arde, pero que no consume; aquel fuego que es la base de la Llama.

Y esto, ¡oh, Yogui afortunado!, es lo que los hombres denominan concentración, el precursor directo del éxtasis.

Y ahora tu *Yo* se halla perdido en el YO, tú mismo en TI MISMO, sumido en AQUEL YO del cual tú emanaste primitivamente.

¿En dónde está tu individualidad? ¿En dónde está el discípulo mismo? Es la chispa perdida en el fuego, la gota en el océano, el rayo siempre presente convertido en la radiación universal y eterna.

Y ahora, tú eres el agente y el testigo, el radiador y la radiación, la luz en el sonido y el sonido en la luz.

Conoces ya los cinco obstáculos, ¡oh, tú, bienaventurado! Tú eres su vencedor, el Maestro del sexto, el expositor de los cuatro modos de verdad. La luz que sobre ellos se difunde radia de ti mismo, ¡oh, tú, que fuiste discípulo y eres en la actualidad Maestro!

Y en cuanto a estos modos de Verdad:

¿No has pasado tú por el conocimiento de toda miseria, la verdad primera?

¿No has vencido al Rey de los Engañadores en Tsí, el pórtico de la asamblea, la verdad segunda?

¿No has exterminado el pecado en la tercera puerta, y adquirido la verdad tercera?

¿No has entrado en el "Sendero" que conduce al conocimiento, la verdad cuarta?

Y ahora reposa bajo el árbol *Bodhi,* que es la perfección de todo conocimiento; porque sábelo. tú eres Maestro de éxtasis, el estado de visión perfecta.

¡Mira! Tú has llegado a ser la Luz, tú te has convertido en el Sonido, tú eres tu Maestro y tu Dios. Tú eres TU MISMO, el objeto de tus investigaciones, la incesante VOZ que resuena a través de las eternidades, libre de cambio, exenta de pecado; los siete sonidos en uno, la VOZ DEL SILENCIO: *OM TAT SAT.*

LA PRÁCTICA

EL DESEO DE PRACTICAR.

Muchos de los que se convierten realmente en verdaderos estudiantes de Teosofía y en trabajadores activos dentro de nuestra Sociedad, desean hacer algo más que estudiar teóricamente las verdades que·enseñamos. Desean *conocer* la verdad por experiencia personal y directa y estudiar Ocultismo, con el objeto de adquirir sabiduría y el poder, que sienten necesitar, para ayudar a los demás eficaz y juiciosamente, en vez de obrar a ciegas y a la ventura.

(C. de T.—§ XIII.)

EL USO DE LAS CARNES.

Uno de los grandes sabios alemanes ha demostrado que toda clase de carne animal, sea cual fuese el modo de guisarla, conserva siempre ciertas propiedades características del cuerpo del que ha formado parte, y las cuales pueden reconocerse. Aparte de esto, todos sabemos, por el gusto, qué

clase de carne estamos comiendo. Nosotros vamos
más lejos, y probamos que, cuando la carne de los
animales es asimilada como alimento por el hombre, le transmite, fisiológicamente, algunas de las
propiedades características del animal a que per-
tenecía. Además, la ciencia oculta lo enseña y prueba a sus estudiantes por la demostración ocular,
haciendo ver igualmente que ese efecto de "ani-
malización" en el hombre es mayor proviniendo de
la carne de los animales más grandes, menor si se
trata de las aves, aun menor siendo de pescado y
otros animales de sangre fría, y mínimo cuando
sólo come vegetales...

Hoy por hoy, se ha de comer para vivir; así es
que aconsejamos a los estudiantes realmente ce-
losos que tomen el alimento que tenga influencia
menos pesada sobre su cerebro y su cuerpo, y cuyo
efecto de estorbar y retrasar el desarrollo de su
intuición, facultades internas y poderes sea el menor posible...

Creemos, por ejemplo, que muchas enfermedades, y particularmente la gran predisposición para
las mismas que tanto se viene observando en nuestra época, son debidas en gran parte al uso de la
carne, y especialmente de la carne en conserva.
Mas sería muy largo de tratar a fondo la cuestión
del vegetarismo desde el punto de vista de sus mé-
ritos...

Si por causa de enfermedad o larga costumbre no puede un hombre privarse de carne, que no se abstenga de ella en ningún modo. No es un crimen; sólo retrasará algo su progreso, porque después de todo, los actos y funciones corporales tienen mucha menos importancia que lo que el hombre *piensa y siente,* que los deseos que animan su mente, permitiéndole echar raíces y desarrollarse.

(C. de T.—§ XIII.)

El vino y el alcohol.

Son peores para el desarrollo moral y espiritual que la carne, porque el alcohol, en todas sus formas, tiene una influencia directa, marcada y muy deletérea en la condición psíquica del hombre. El uso del vino y los licores sólo es inferior como destructor del desarrollo de los poderes internos, al uso habitual del hashish, del opio y otras drogas semejantes.

(C. de T.—§ XIII.)

La Educación.

Consideremos esta cuestión de la educación desde un amplio punto de vista y os probaré que con muchas de vuestras decantadas mejoras hacéis daño y no bien. Las escuelas para niños pobres, aunque mucho menos útiles de lo que debían ser, son buenas, comparadas con la corrupción que los rodea y a la que están condenados por la sociedad moderna. La *infu-*

sión de un poco de Teosofía práctica aliviaría cien veces más la vida de las masas pobres que sufren que toda esa inútil cultura...

Reconozco por completo la gran ventaja que hay para un niño criado en las calles, jugando en el arroyo y viviendo entre la continua grosería de gustos y palabras, al encontrarse diariamente en una escuela clara, limpia, con cuadros y muchas veces adornada con flores. Allí le enseñan a ser limpio, amable, ordenado; le enseñan a cantar y a jugar; tiene juguetes que despiertan su inteligencia; aprende a servirse *hábilmente de sus manos*; le hablan con una sonrisa en vez de hacerlo con una amenaza; le castigan o premian con benevolencia, en lugar de maldecirle. Todo esto humaniza a los niños, activa sus cerebros y los hace susceptibles a las influencias intelectuales y morales. Las escuelas no son lo que podrían y debieran ser; pero comparadas con sus casas, son paraísos, y poco a poco dejan sentir su acción en ellos. Mas si bien esto es cierto en muchas escuelas públicas, el sistema es peor que todo cuanto de él pueda decirse...

¿Cuál es el *verdadero* objeto de la educación moderna? ¿Es acaso cultivar y desarrollar la mente en el buen sentido; enseñar a los pobres y desheredados a soportar con valor el peso de la vida que Karma les ha asignado; fortalecer su voluntad; inculcar en ellos el amor al prójimo y el sentimiento de mutua hermandad, educando y formando el carácter para la vida práctica? Nada de esto. Y, sin embargo, esos son innegablemente los objetos de toda educación verdadera. Nadie lo niega; todos los que se dedican a la enseñanza lo admiten, y por cierto que derrochan palabras sonoras sobre el asunto. Pero ¿cuál es el resultado práctico de su acción? Cualquier joven, cualquier muchacho, más aún, cualquiera de los que pertenecen a la generación última de maestros de escuela, contestará: "El objeto de la educación moderna es pasar los exámenes", sistema que no tiende a producir la emulación legítima, sino a crear y fomentar entre los jóvenes los celos, la envidia, casi el odio, y a prepararlos para una vida de egoísmo feroz y de lucha por los honores y las ganancias, en vez de crear sentimientos benévolos...

Repito que la educación de la escuela es factor de la mayor importancia en la formación del carácter, especialmente en el sentido moral. Pues bien; todo vuestro sistema moderno está basado en las llamadas revelaciones científicas: "La lucha por la existencia" y la "Supervivencia del más apto". Durante la juventud se inculca a todos estos principios, tanto por medio del ejemplo práctico y de la experiencia como por la enseñanza directa, hasta que se hace imposible borrar de la mente la idea de que el "yo", ese yo inferior, personal y animal, es el único fin y objeto de la vida, del que arranca la gran fuente que luego origina todos estos sufrimientos, crímenes y egoísmo despiadado, que tanto como yo reconocéis. El egoísmo, como tantas y tantas veces he repetido, es plaga y maldición de la Humanidad y el padre prolífico de todos los males y crímenes en esta vida; y vuestras escuelas son los semilleros de semejante egoísmo...

La parte moderna se funda en la enseñanza práctica comercial, y la antigua y ortodoxa refleja su grave respetabilidad en los Centros superiores. Vemos claramente lo científico, material y comercial, sobreponerse a lo clásico y ortodoxo anticuado, y no se necesita ir muy lejos para encontrar la causa. Los objetos de aquella rama de la educación se reducen a libras, chelines y peniques; el *summum bonum* del siglo XIX. Así es que las energías generadas por las moléculas cerebrales de los discípulos se concentran todas sobre un mismo punto, y son, por lo tanto, en cierto grado, un ejército organizado en las inteligencias especulativas *educadas* de la minoría de los hombres, adiestrada para marchar contra las huestes de las sencillas masas, condenadas a ser vampirizadas y sacrificadas por sus hermanos intelectualmente más fuertes. No sólo semejante educación es *antiteosófica*, sino sencillamente anticristiana. Resultado: el producto directo de esa forma de educación es una inundación de máquinas para hacer dinero, de hombres cruelmente egoístas, animales a quienes han enseñado sistemáticamente a devorar a sus semejantes y a aprovecharse de la ignorancia de sus hermanos más débiles...

Debiera, ante todo, enseñarse a los niños la propia confianza, el amor a todos los hombres, el altruísmo, la caridad mutua y, más que nada, a pensar y razonar por sí mismos. Reduciríamos el trabajo puramente de la memoria a un mínimum absoluto, y emplearíamos el tiempo en el desarrollo y ejercicio de los sentidos, facultades y capacidades latentes internas. Nos esforzaríamos en tratar a cada niño como una unidad y en educarlo de modo que produjese la manifestación más armoniosa e igual de sus poderes, para que sus aptitudes especiales hallasen su completo y natural desarrollo. Aspiraríamos a crear hombres y mujeres *libres*, libres intelectualmente, libres moralmente, despreocupados bajo todos conceptos y, sobre todo, *antiegoístas*. Y creemos que gran parte de esto, si no todo, podría conseguirse con la *educación teosófica conveniente y verdadera*.

(C. de T.—§ XIII.)

TEOSOFÍA Y MATRIMONIO.

¿Debe casarse un hombre o permanecer soltero? Esto depende de la clase de hombre a que hagamos referencia. Si se trata del que se propone vivir en el mundo, del que aun siendo un sincero teosofista, un trabajador celoso de nuestra causa, todavía está liga-

do al mundo por sus obligaciones y deseos; del que, en
una palabra, siente que no ha concluído para siempre
con lo que los hombres llaman vida, y sólo desea una
cosa: conocer la verdad y ser capaz de ayudar a los
demás. Entonces, digo, no hay motivo para que no
se case si quiere correr los riesgos de esa lotería en
la que salen tan pocos números premiados. Supongo
que no nos creeréis absurdos y fanáticos hasta el punto de predicar también contra el matrimonio. Por el
contrario, el matrimonio, salvo algunos casos excepcionales de ocultismo práctico, es el único remedio
contra la inmoralidad...

¿Puede el hombre servir a dos amos? No. Por lo
tanto, es imposible para él dividir su atención entre
el Ocultismo y una mujer. Si lo intenta, no podrá
seguramente hacer ambas cosas como es debido; y
permitidme que os recuerde que el ocultismo práctico
es un estudio demasiado serio y peligroso para que
lo emprenda un hombre si no obra con la mayor sinceridad y no está dispuesto a sacrificar *todo*, y a sí
mismo ante todo, para alcanzar su objeto. Mas esto
no se aplica a los miembros de nuestra sección interna. Sólo me refiero a aquellos que están resueltos a
caminar por el sendero del disculpado que conduce
a la meta más elevada. Muchos de los que entran en
nuestra sección interna, si no todos, sólo son princi-
piantes, que se preparan en esta vida para entrar
realmente en aquel sendero en vidas futuras.

(C. de T.—§ XIII.)

Los hermanos menores.

Las gentes que miman y acarician a los animales domésticos les infunden alma hasta cierto punto y les apresuran la evolución; pero, en cambio, tales gentes absorben la vitalidad y magnetismo de los animales. Por lo tanto, es contra naturaleza, y resulta nocivo en último término apresurar la evolución animal.

(Opúsculo III.)

LA TEOSOFÍA

CONCEPTO TRIPLE DE LA TEOSOFÍA.

Sin duda sabe vuestra ilustrísima que la Teosofía no es una religión, sino sólo una filosofía, a la par religiosa y científica, y que lo más importante que la Sociedad Teosófica se propone es hacer revivir en cada una de las religiones el espíritu que la anima, fomentando y auxiliando la investigación del verdadero significado de sus doctrinas y preceptos. Saben los teosofistas que cuanto más profundamente se penetra en el significado de los dogmas y ceremonias de todas las religiones, mayor crece su aparente y fundamental semejanza, hasta que al fin se obtiene la percepción de su unidad fundametal. Esta base común no es otra que la Teosofía: la Doctrina de Secretos de todos los tiempos, la cual, diluída y disfrazada para amoldarse a la capacidad de la multitud y a las exigencias de las diversas épocas, ha constituído el núcleo viviente de todas las religiones.

(*Carta al arzobispo de Canterbury.*)

H. P. BLAVATSKY

La Teosofía no es el Buddhismo.

No, pues equivaldría a decir que todos los músicos son discípulos de Wagner. Algunos, entre nosotros, pertencen a la religión *Buddhista;* sin embargo, contamos entre nosotros muchos más *hindos y brahmanes* que buddhistas, y más *cristianos* (europeos y americanos) que buddhistas *convertidos*.

Nació el error de la mala interpretación del verdadero sentido del título de la excelente obra de míster Sinnett, el *Buddhismo esotérico,* debiendo haberse escrito la palabra buddhismo *con una d en vez de dos,* porque en ese caso esta palabra hubiese expresado la idea del autor, o sea: *Sabiduría* (Borha, bodhi, "inteligencia", "sabiduría"), en vez de *Buddhismo,* que significa la filosofía religiosa de Buddha o Gotama. La Teosofía, como ya se ha dicho, es la Religión de la Sabiduría...

Buddha significa el "iluminado", de *bodha* o conocimiento, sabiduría. Esta se arraigó y difundió en las doctrinas *esotéricas* que Gotama enseñó á sus *arhats* escogidos...

Sus doctrinas esotéricas eran simplemente la *Gupta Vidya* (ciencia o conocimiento secreto) de los antiguos Brahmanes, cuya clave han perdido por completo sus modernos sucesores, con raras excepciones; y esa *Vidya* pasó al dominio de lo que se conoce ahora como doctrina *interior* (secreta) de la escuela *Mahmayana* del buddhismo del Norte...

La ética teosófica es semejante a la enseñada por Buddha, porque aquella ética es el alma de la Religión de la Sabiduría y ha sido en otros tiempos la propiedad común de los iniciados de todas las naciones. Pero Buddha fué el primero en fundir esa ética sublime con sus enseñanzas públicas y en hacer de ella la base y la ciencia misma de su sistema público. En esto consiste la inmensa diferencia que existe entre el Buddhismo esotérico y todas las demás religiones. Porque mientras en algunas de éstas ocupan el ritualismo y el dogma el primero y más importante lugar, la ética siempre ha sido en el Buddhismo lo principal.

Esto explica la semejanza, casi idéntica, que existe entre la ética de la Teosofía y la de la religión de Buddha...

Hay una distinción muy grande entre la Teosofía y el Buddhismo *esotérico*, y es que este último, representado por la *Iglesia del Sur*, niega por completo: *a)* La existencia de deidad alguna; y *b)* Una vida consciente *post-mortem* y hasta una individualidad consciente que sobreviva en el hombre. Tal es, al menos, la doctrina de la *Secta Siamesa*, hoy considerada como la forma más *pura* del Buddhismo esotérico. Es así, en efecto, si nos referimos únicamente a las enseñanzas públicas de Buddha, y daré más ade-

H. P. BLAVATSKY

lante el motivo de esa reticencia de su parte. Pero las escuelas de la *Iglesia Buddhista del Norte,* establecidas en aquellos países donde se retiraron los Arhats iniciados después de la muerte del Maestro, enseñan todo lo que se conoce hoy día con el nombre de *Doctrinas Teosóficas,* porque forman parte de la ciencia de los iniciados, probando así cómo fué sacrificada la verdad en aras de la letra muerta por la ortodoxia demasiado celosa del Buddhismo del Sur. ¡Cuánto más sublimes, más nobles, más filosóficas y científicas, aun en su letra muerta, son, sin embargo, sus enseñanzas, comparadas con las de cualquiera otra iglesia o religión! Sin embargo, la Teosofía no es el Buddhismo.

(C. de T.—§ I.)

¿Creemos en el Espiritismo?

Si por "Espiritismo" os referís a la explicación que dan los espiritistas de algunos fenómenos anormales, declaramos decididamente, en este caso, *que no.* Ellos sostienen que *todas* esas manifestaciones son producidas por los "espíritus" de los muertos, sus parientes generalmente, que vuelven a la Tierra, según dicen, para comunicarse con los que han querido o con aquellos a quienes les une el afecto. Negamos este punto en absoluto. Afirmamos que los espíritus de los muertos no pueden volver a la Tierra—salvo en casos raros y excepcionales, de los que hablaré más adelante—, ni tampoco se comunican con los hombres, excepto *por medios enteramente subjetivos.* Lo que aparece objetivamente es tan sólo el fantasma del hombre "ex físico". *Pero creemos decididamente en el Espiritismo psíquico o, por decirlo así, "Espiritual"...*

No son las causas de tales manifestaciones tan simples como creen los Espiritistas. Ante todo, el *deus ex machinâ* de las llamadas "materializaciones" es generalmente *el cuerpo astral o "doble" del riédium, o bien de otra persona presente.* También es ese cuerpo *astral* el productor o fuerza activa en las manifestaciones de escritura sobre pizarras, como las de "Davenport"...

Afirmamos que, siendo la chispa divina en el hombre una e idéntica en su esencia con el Espíritu Universal, nuestro "Yo espiritual" es prácticamente omnisciente; pero que por los obstáculos de la materia no puede manifestar su saber. Cuanto más desaparezcan esos obstáculos; en otras palabras: CUANTO MÁS SE PARALICE EL CUERPO FÍSICO POR LO QUE TOCA A SU ACTITUD Y CONCIENCIA PROPIAS E INDEPENDIENTES, *como en estados de sueño profundo,* PROFUNDO ÉXTASIS, *o también de enfermedad, más perfectamente podrá manifestarse el Yo interior en este plano. Tal es nuestra explicación acerca de esos fenómenos de un orden elevado verdaderamente asombroso,* en los que se muestra una inteligencia y un saber innegables. En cuanto a las manifestaciones de orden inferior, como los fenómenos físicos, las vulgaridades y charlas del consabido "espíritu", necesitaríamos (para explicar tan sólo nuestras más importantes doctrinas con respecto a este punto), más tiempo y espacio del que podemos por ahora dedicar al asunto. No es nuestro deseo intervenir en las creencias de los Espiritistas, como tampoco en las demás creencias. *El unus probandi* debe recaer en los que creen en los "espíritus", y actualmente los directores y los más inteligentes e instruídos entre los Espiritistas, si bien convencidos aun de que las manifestaciones de orden más elevado tienen por causa las almas desencarnadas, son los primeros en confesar que *no todos* los fenómenos son producidos por espíritus Llegarán gradualmente a reconocer la verdad entera; pero, mientras tanto, no tenemos el derecho ni el deseo de convertirlos a nuestras opiniones, tanto menos cuanto que, *en los casos de manifestaciones puramente psíquicas y espirituales, creemos en la comunicación mutua del espíritu del hombre viviente con el de las personalidades desencarnadas.*

(C. de T.—§ II.)

Desde el primer día de la existencia de la Sociedad, en cuanto se supo que la Sociedad Teosófica como corporación no creía en las comunicaciones con los espíritus de los muertos, sino que miraba a los llamados "espíritus" como reflejos astrales de personalidades desencarnadas, cascarones, etc., en su mayor parte, concibieron los espiritistas un odio violento contra nosotros, y especialmente contra los Fundadores.

(C. de T.—§ XIII.)

Los "Espíritus" teosofistas.

Los teosofiistas creen en los espíritus tanto como los espiritistas, pero creen que son tan diferentes en sus variedades como las tribus aladas en el aire...

La única diferencia entre los "espíritus" de otras sociedades, sectas o instituciones y los nuestros, consiste en sus nombres y en los asertos dogmáticos con respecto a su naturaleza. En aquellos a quienes los millones de espiritistas llaman los "espíritus de los muertos", y en quienes la Iglesia romana ve los demonios de Satanás, no vemos nosotros ni lo uno ni lo otro. Los llamamos Dhyan Choanes, Deves, Pitris, Elementales superiores e inferiores, y los conocemos como los "dioses" de los gentiles, a veces imperfectos, nunca santos. Cada orden tiene su sitio, su nombre, sus funciones, que la naturaleza le ha asignado, y cada muerte es el complemento y la coronación de su propia esfera particular, lo mismo que el *hombre* es el complemento y la coronación de su globo; de aquí que sean una necesidad natural y lógica en el Cosmos.

(*Los Elementales*, en la revista *Lucifer*.)

TEOSOFÍA Y OCULTISMO.

Puede un hombre ser muy buen Teosofista, *dentro o fuera* de la Sociedad, sin ser, en modo alguno, Ocultista. *Pero nadie puede ser un verdadero Ocultista, sin ser Teosofista en toda la extensión de la palabra;* de otro modo no es más que un mago negro, consciente o inconsciente...

Ya he dicho que un Teosifista verdadero debe poner en práctica el ideal moral más elevado; debe esforzarse en reconocer la unidad con la humanidad entera, y trabajar incesantemente para los demás. Ahora bien; si un Ocultista no lleva todo esto a cabo, obrará de un modo egoísta para su beneficio personal; *y si ha adquirido mayores poderes prácticos que los demás hombres, por lo común se convierte, por esto mismo, en enemigo del mundo y de los que le rodean, mucho más temible que el simple mortal.* Esto es claro...

No son las ciencias ocultas "aquellas ciencias *imaginarias* de la Edad Media que trataban de la *supuesta* acción o influencia de cualidades Ocultas o poderes sobrenaturales, como la alquimia, la magia, la nigromancia y la astrología", según nos las describen las Enciclopedias; porque son ciencias reales, verdaderas y muy peligrosas. Enseñan la fuerza e influencia secretas de las cosas de la Naturaleza, desarrollando y cultivando los poderes ocultos "latentes en el hombre", dándole enormes ventajas sobre los mortales más ignorantes. Buen ejemplo de ello es el Hipnotismo, hoy día ya tan común y objeto de las indagaciones científicas. Fué descubierto el poder *hipnótico* casi por casualidad, habiendo preparado el camino el mesmerismo. Hoy día, un hipnotizador experimentado puede con su poder hacer casi todo cuanto se le ocurra: desde obligar a un hombre a hacer el tonto inconscientemente, hasta hacerle cometer un crimen—a menudo, por medio de un cómplice del hipnotizador y *en beneficio de este último*—. ¿No es éste un terrible poder si se entrega en manos de personas sin escrúpulos? Y, sin embargo, tened presente que esta no es más que una de las ramas menores del Ocultismo...

El Ocultista practica la Teosofía científica, basada en el conocimiento exacto de los trabajos y secretos de la Naturaleza, mientras que *el Teosofista, que practique los poderes llamados anormales, pero sin la luz del Ocultismo, tenderá simplemente hacia una forma peligrosa del mediumismo, porque, aunque profese la Teosofía y su más elevado código de ética, obra a obscuras, apoyado en sincera, PERO CIEGA FE.* Cualquiera, sea Teosofista o Espiritista, que intente cultivar una de las ramas de la ciencia Oculta—por ejemplo, Hipnotismo, Mesmerismo o siquiera los secretos para producir fenómenos físicos, etc.—, *sin el conocimiento de la* rationale *filosófica de esos poderes, es como una nave sin timón en medio del Océano embravecido.*

(C. de T.—§ II.)

Cómo debe comportarse el teósofo frente a las ideas religiosas.   ::

El teósofo no cree en milagros divinos ni diabólicos. A través del tiempo puede sólo obtener evidencias y juzgar de ellas por los resultados.

Para él no hay santos ni brujos, ni profetas ni angares, sino sólo adeptos u hombres capaces de realizar hechos de carácter fenomenal, a quienes juzga por sus palabras y acciones. La única distinción que actualmente le cabe hacer al teósofo depende de los resultados obtenidos según fueren beneficiosos o perjudiciales para aquellos sobre quienes el adepto ejerció sus poderes. Además, el ocultista ha de prescindir de la arbitraria división que los definidores religiosos hicieron de los hechos llamados milagrosos. Los cristianos, por ejemplo, tienen el deber de considerar como santos a los apóstoles San Pedro y San Pablo, y ver en Vimar el Mago y en Apolonio de Tiana nigromantes al servicio de potestades diabólicas; pero también está obligado el ocultista, si quiere serlo de veras, a rechazar toda mira exclusivista en este punto. El estudiante de ocultismo no ha de profesar determinada religión, si bien tiene el deber de respetar toda opinión y creencia para llegar a ser adepto de la Buena Ley. No debe supeditarse a los prejuicios y opiniones sectarias de nadie y ha de formar sus propias convicciones de conformidad con las reglas de evidencias que le proporcione la ciencia a que se dedica. Si el ocultista profesa, por ejemplo, el buddhismo, considerará a Gotana Buddha como el mayor adepto que haya existido, como la encarnación del amor sin egoísmo, de la cavidad inmensa y de la moral purísima; pero verá iluminado con la misma luz a Jesucristo, considerándole como otra encarnación de las virtudes divinas. Venerará la memoria del Gran Mártir, aunque no le crea Dios humanado en la tierra y Dios de dioses en el cielo. Amará al hombre ideal por sus personales virtudes, sin atender a encomios de fanáticos soñadores ni a dogmatismos teológicos. Creerá también en la mayor parte de los milagros si los discierne de conformidad con las reglas de su ciencia. Aunque rechace la palabra milagro, en su acepción teológica, o sea como suceso contrario a las leyes de la naturaleza, lo considerará como una desviación de las leyes hoy conocidas, lo cual es muy distinto. Por otra parte, el ocultista echará de ver desde luego en los Evangelios muchos de tales hechos, de naturaleza divina, con la precaución de tomar algunos de ellos, como, por ejemplo, el de enviar los demonios a una piara de cerdos, en un sentido alegórico y no en el literal. Esta debe ser la mira del legítimo e imparcial ocultista.

Los mismos musulmanes, que consideran a Jesús
como un gran profeta y por tal le respetan, dan
con ello una hermosa lección a los cristianos que
condenan la tolerancia religiosa y llaman a Mahoma
el falso profeta.

(D. S.—III, § XII.)

La Sociedad Teosófica.

La Sociedad Teosófica se organizó en Nueva York
en 1875. El objeto de sus fundadores fué experi-
mentar prácticamente los poderes ocultos de la naturaleza y recoger y diseminar entre los cristianos
informes y conocimientos acerca de las propias religiones de Oriente.

(I. S. V.—I. *Ante el velo.)*

Nota.—La Sociedad Teosófica fué fundada en Nueva
York el 17 de noviembre de 1875, bajo la presidencia del
coronel H. S. Olcott. Los objetos de esta Sociedad son:
1.º Formar el núcleo de una Fraternidad Universal de
la Humanidad, sin distinción de raza, creencia, sexo, casta
o color.
2.º Fomentar el estudio de la Ciencia, Religión y Literatura de los Arios y otras orientales.
3.º Investigar las leyes no explicadas de la Naturaleza y
los poderes latentes en el hombre.
A nadie se le pregunta al entrar a formar parte de la Sociedad cuáles son sus opiniones religiosas, pero se exige a
todos, antes de su admisión, la promesa de ser tolerante
para los demás.
El Cuartel general se halla en Adyar-Madras (India Inglesa).—R. U.

DOCTRINAS Y ENSEÑANZAS TEOSÓFICAS

Es la sublimación de la tolerancia.

La Sociedad no posee una sabiduría propia que defender o enseñar. Es simplemente el receptáculo de todas las verdades emitidas por los grandes videntes, iniciados y profetas de las edades históricas y hasta prehistóricas, al menos de tantos como puede reconocer. Es, por consiguiente, tan sólo el órgano por el cual los fragmentos de la verdad, que se encuentran en las acumuladas enseñanzas de los grandes Maestros del mundo, son recogidos y expuestos a los hombres.

(C. de T.—§ IV.)

Los grandes enemigos.

El dogma y la autoridad fueron siempre azotes del género humano y los más violentos enemigos de la luz y de la verdad.

(D. S.—III, § XIV.)

Porvenir de la Teosofía.

Así como ha existido eternamente a través de los infinitos ciclos del pasado, así también vivirá en el infinito porvenir, porque Teosofía es sinónimo de VERDAD ETERNA.

(C. de T.—*Conclusión.*)

EL MUNDO SAGRADO

*La India se considera por los teósofos como la
verdadera cuna de la Humanidad. Madame Blavatsky,
si no la recorrió por entero, la conoció con más
profundidad que muchos sabios e investigadores de
Europa, legándonos algunas páginas interesantes y
curiosas sobre el Mundo Sagrado por excelencia. Los
fragmentos siguientes están recopilados de sus famosos
relatos "Por las selvas y grutas del Indostán",
uno de los primeros que salieron de su pluma.—R. U.*

BOMBAY.

La isla de Bombay, o de *Mambai*, según la llaman
los naturales, recibió tal nombre de la diosa Mamba
de Maharati, diosa que es Mahima o Amba, Mama y
Amma, según las diversas formas dialectales, y cuyo
significado literal es el de *la Gran Madre*. Un templo
consagrado a la diosa *Mamba-Devi* se alzaba, todavía
no hace cien años, en el mismo sitio de la moderna
explanada. Sin reparar en gastos ni en dificultades,
fué llevado más próximo a la ribera y del fuer-

te, frente a *Balesh-wara,* o sea al "Señor de los Inocentes", uno de los infinitos nombres del Dios Shiva.

Bombay es todo un archipiélago, cuyas islas más
notables son: Salseta, enlazada con Bombay por un
muelle; Elefanta, que se llamó así por los portugueses, merced a la roca de su mole, tallada en forma de
colosal elefante de unos treinta y cinco pies de largo, y Trombay, cuya enhiesta roca se eleva novecien-
tos pies sobre el mar. Bombay, a la cabeza de las demás islas, parece en el mapa un enorme cangrejo
fluvial, que extiende a lo lejos sus dos patas, velando
vigilante por sus hermanos menores. Entre dicha
isla principal y el continente corre un estrecho brazo
de río que se ensancha y se ciñe alternativamente,
dentellándose en él entrambas orillas, bajo un cielo
que no tiene rival en el mundo. No sin razón los portugueses que, andando el tiempo, fueron sustituídos
por los ingleses, la denominaban la *Bona-bahía,* bahía
que viajeros entusiastas compararon con el propio
golfo de Nápoles, pero, a decir verdad, se parecen
entre sí como pueda parecerse un aristocrático *kuli*
a un mísero *lazzaroni,* pues el único parecido que puedan entrambas tener es el que tienen agua en las dos.
(Cap. I.)

BALESH-WARA.

La sagrada leyenda de Balesh-wara refiere, en
efecto, que allí mismo permitió una vez Rama, cuando pasaba desde *Ayodhya* u Oudh, a *Lanka* o Ceilán, en busca de su esposa *Sita,* robada por Rávana,

el perverso rey. Créese firmemente por aquéllos que Sakshman, el hermano de Rama, estaba obligado a enviar diariamente a éste un nuevo *lingham* cada día desde Benarés la santa, pero una tarde hubo de descuidarse en el puntual cumplimiento de su misión. Impaciente entonces Rama, construyóse uno de arena, y cuando el consabido que esperaba llegó de Benarés, fué éste puesto en el templo y dejado el otro allí en la orilla, permaneciendo en tal estado siglos tras siglos hasta la llegada de los portugueses, contra quienes hubo de sentirse el *lingham* tan indignado por sus profanaciones, que alejóse mar adentro para nunca más volver... Un poco más allá del repetido templo se muestra el estanque de *Vanattistha* o de "la punta de la flecha", porque se cuenta que al llegar allí Rama tuvo sed y lanzó una flecha contra la roca, surgiendo así el estanque al punto. Antaño los líquidos cristales del lago estaban rodeados de un alto muro, y hubieron de construírse escalinatas para descender hasta su orilla y una serie de palacetes en mármol blanco para que los habitasen los brahmanes *dwija* o "dos veces nacidos".

Con ser la India el país más rico en leyendas, no hay una de éstas en las ruinas, como en las frondas y en los lagos, que no esté fundada en los hechos, si bien la grosera fantasía popular las ha entenebrecido, echando de generación en generación un velo cada vez más denso y tupido sobre ellas. Con cierta habilidad y paciencia, máxime si se tiene el auxilio de algún brahman instruído de quien se haya uno captado la amistad y la suficiente confianza, puede, no obstante, llegarse a descubrir la verdad histórica que la fábula desnaturaliza.

Por allí se encuentra, asimismo, el camino que conduce al templo parsi de los adoradores del Fuego. En su ara mantiénese perpetuamente encendido un fuego sagrado que consume todos los días enormes cantidades de madera de sándalo y plantas aromáticas. Dicho fuego encendióse hace trescientos años, y, desde entonces, luce inextinguible, no obstante mil desórdenes, luchas sectarias y hasta guerras. Aquellos gúebros, discípulos de *Zaratustra* o Zoroastro, se sienten orgullosos con su templo, templo en comparación del cual parecen pintarrajeados huevos de pascua las pagodas indias. Estas últimas están casi todas consagradas a *Hanuman,* el dios-mono, fiel aliado de Rama, y también a *Ganesha,* el dios de la Oculta Sabiduría, o bien a uno de los dioses *Devas.* Vense ellas en cada calle, con sus dobles hileras de pipales o *ficus religiosa* de varios siglos de edad, árboles de los que ningún templo puede carecer, puesto que constituyen la morada de los elementales y demás almas pecadoras.

(Cap. I.)

LA INDIA SE OCULTA.

Muchos individuos de la Sociedad Teosófica han visitado la India; muchos han nacido en la India misma y han presenciado, por sí propios, las brujerías de los brahmanes, y los fundadores de aquella agrupación, convencidos de cuán crasísima es la ignorancia moderna respecto del hombre espiritual, anhelaban que se aplicase a los problemas metafísicos ese mismo método comparativo, que tan buen fruto le diese a Cuvier en Anatomía. Con ello los métodos inductivo y deductivo usados por Occidente pasarían de las regiones físicas al mundo genuino de la psiquis. "De otro modo—decían—la Psicología quedará estancada y hasta constituirá una rémora de las demás ciencias de la Naturaleza." Y no han faltado tampoco ocasiones en las que la Fisiología occidental ha merodeado y cazado furtivamente en los campos de los conocimientos puramente abstractos y metafísicos, fingiendo al par ignorar por completo estos últimos, y pretendiendo, en vano, clasificar la Psicología entre las llamadas "Ciencias positivas", no sin arrancarla previamente al lecho de Procrusto, donde hoy yace, aunque vengándose con negar sus secretos a tan groseros atormentadores.

Añadamos que, en poco tiempo, la repetida Sociedad llegó a contar sus individuos, no por cientos, sino por miles, pues que en ella ingresaron bien pronto todos los "descontentos" del espiritismo americano, en un tiempo en el que había en América hasta doce millones de espiritistas. Otras *ramas* de aquel tronco brotaron en Londres, Corfú, Australia, España, Cuba, California, etc., y en cuantas partes se hacían nuevos experimentos, se afirmaba la creencia de que los fenómenos en cuestión no eran causados únicamente por los espíritus. Después se fundaron también otras ramas en la India y en Ceilán. Los miembros buddhistas y brahmanes llegaron en ellas a ser más numerosos que los europeos. Se formó una Liga internacional y añadióse al nombre de la Sociedad el subtítulo de "La Fraternidad Humana". Después de una cordial y activa correspondencia entre la Sociedad Teosófica y la Arya-Samaj, fundada por el swami Dayanand, se fusionaron entrambas asociaciones, y entonces el Consejo Supremo de la rama de Nueva York decidió enviar una delegación especial a la India para estudiar sobre el terreno la antiquísima lengua en que se escribiesen los *Vedas,* cuanto los manuscritos y fenomenología del yoguismo. El día 17 de diciembre de 1878, la Delegación, compuesta de dos secretarios y dos miembros del Consejo de la Sociedad Teosófica, salió de Nueva York, deteniéndose unos días en Londres, y prosiguiendo después a Bombay, donde desembarcó en febrero de 1879.

(Cap. I.)

LA SIMBOLOGÍA INDIA.

País alguno de la antigüedad, ni siquiera el Egipto de los faraones, ha traducido como la India los ideales del espíritu en formas objetivas con más gráfica mano y maestría más artística. El panteísmo entero de la Vedânta se halla comprendido en el símbolo bisexual de la diosa Ardhanâri. Rodeada ésta por el doble triángulo o *sello salomónico,* denominado en la India *el signo de Vishnú,* yacen a sus pies un león, un toro y un águila. En sus manos brilla la luna llena que riela sobre las aguas de sus pies. La Vedânta, en efecto, ha enseñado durante millares de años lo que sólo comenzaron a enseñar algunos filósofos alemanes a fines del siglo XVIII y principios del XIX, o sea que todas las cosas del mundo objetivo, igual que este mundo mismo, son mera ilusión: pura Mâyâ, vagos fantasmas creados por nuestra imaginación, pero desprovistos de más realidad que la que tener pueda el reflejo de la luz de la luna reflejándose sobre las aguas. El mundo fenomenal, igual que nuestras ideas acerca de nuestro verdadero *Yo,* son tan sólo una reflexión, una sombra de cosas más excelsas. Por eso el sabio verdadero jamás se deja engañar por tales apariencias ilusorias. El sabe harto bien que ningún hombre alcanzará el verdadero conocimiento, ni se identificará con su supremo Ego, sino después que sus elementos personales inferiores se sumerjan en el gran Todo, convirtiéndose así en un Brahma inmutable, universal, infinito. De aquí que miren al cielo del nacimiento, de la vida y de la muerte como algo que es producto simplemente de la ilusión imaginativa.

En términos generales, la filosofía india, ramificada como lo está en multitud de enseñanzas metafísicas, posee, cuando no se aparta de los cánones ontológicos de su tradición, una lógica tan severa, tan acabada, y una psicología tan maravillosamente perfecta y refinada, que merecería figurar a la cabeza de cuantas escuelas antiguas y modernas, idealistas o positivistas se han sucedido después, y hasta eclipsarlas.

El positivismo de un Lewis, que pone los pelos de punta a cualquier teólogo de Oxford, es un juego de chicos comparado con la escuela atomística de Vaisheshika, con su mundo encasillado cual tablero de ajedrez, en seis categorías de átomos eternos, nueve substancias, veinticuatro cualidades y cinco mociones. Por increíbles que parecer puedan de ser encerradas estas ideas abstractas, idealistas, panteístas o materialistas en símbolos adecuados y alegóricos, la India, no obstante, ha conseguido hacerlo, sea cualquiera su enseñanza. Todas, todas las ha encuadrado e inmortalizado en sus feos ídolos de cuádruple faz, en la complicada planta geométrica de sus templos y hasta en las extrañas líneas y manchones de color de las frentes de sus respectivos sectarios.

(Cap. II.)

LAS CUEVAS DE KARLI.

Sobre la entrada principal del hipogeo hay una galería que recuerda el coro de aquellas catedrales. Además de dicha entrada, otras dos laterales conducen a las naves y sobre la galería se abre un ventanal único en forma de herradura para que la luz caiga directa desde él sobre la *dagopha* o altar, mientras que el bosque de columnas de las naves queda en una obscuridad creciente a medida que se alejan del altar. Así, merced a semejante disposición, el visitante que penetra por el pórtico ve el altar central resplandeciente de luz, mientras que en torno de él todo son densas tinieblas donde el profano no podía pisar.

Una de las esculturas de la *dagopha*, desde la cual los "Rajas-sacerdotes" acostumbraban a pronunciar sus sentencias, se llama Dharma-Raja, de *Dharma*, el Minos indio. Corren por encima del templo hasta dos hileras de covachas, en cada una de las cuales existen anchos peristilos formados por grandes columnas esculpidas y desde ellos se pasa a diversos corredores, muy largos a veces, y a celdas espaciosas que invariablemente aparecen como cortados u obstruídos bruscamente por un sólido muro, sin huella practicable para poder seguir más adelante. Los custodios del templo, pues, o han perdido el secreto de otras cuevas más interiores o le ocultan cuidadosamente a los europeos...

(Cap. III.)

ANTIGÜEDAD INDISCUTIBLE.

El templo de Karli, por otra parte, está cuajado de nada hábiles trabajos en piedra, y los brahmanes aseguran que este sagrado recinto no se vería tan abandonado si los hombres, tanto de las generaciones pasadas, como de la actual, no fuesen realmente indignos de visitarlo. En cuanto a Kankari y algunos otros templos hipogeos, no cabe duda alguna que se deben a los buddhistas, porque en algunos de ellos se tropezaron inscripciones en perfecta conservación, cuyo estilo en nada se asemeja a las construcciones simbólicas del brahmanismo. El arzobispo Heber opina que el hipogeo de Kanari fué labrado en los siglos I o II del cristianismo; pero Elefanta es mucho más antiguo y debe ser catalogado entre los monumentos prehistóricos, como perteneciente a la época que siguió inmediatamente a la gran guerra cantada en el Mahabharata. Por desgracia, respecto a la fecha de esta célebre guerra no media acuerdo entre los científicos europeos, pues mientras que el sapientísimo Dr. Martín Haug la cree antediluviana, el no menos célebre y sabio profesor Max Müller la coloca lo más cerca posible del siglo I de nuestra Era.

(Cap. III.)

HISTORIA Y FÁBULA.

Meros niños de pecho son los pueblos más antiguos de Europa respecto de las tribus asiáticas, especialmente las de la India, y ante las gloriosas genealogías de los rajputs resultan de ayer las más antiguas noblezas europeas. Ellas constituyen al par los anales más veraces y antiguos de todos los pueblos, al decir del coronel Tod, quien hubo de estudiar durante más de cuatro lustros aquellas genealogías. Datan ellas, en efecto, de mil a dos mil doscientos años antes de Cristo, y sus frecuentes referencias a autores griegos testimonian su autenticidad. Tras larga y esmeradísima compulsa de las inscripciones epigráficas con el texto de los *Purunas,* dicho autor formuló la conclusión de que los archivos de Oodeypore (ahora inaccesibles al público), y sin necesidad de otras fuentes de estudio, constituyen la clave, tanto para la historia de la India en particular, como para toda la historia del mundo. Por supuesto que el coronel Tod cuida muy bien de aconsejar, a diferencia de tantos arqueólogos charlatanes que ignoran lo que es la India, que no se tome la historia de Rama, de Krishna y de los cinco hermanos Pandúes del Mahabharata como meras alegorías poéticas. Antes al contrario, quien medite atentamente acerca de estas pretendidas leyendas, se convencerá de que sus *fábulas* no son sino vivos recuerdos históricos, ya que las comprueban los propios descendientes de estos héroes, sus tribus, sus ciudades antiguas y sus monedas. Nadie puede aventurarse a juzgar, en definitiva, sin haber consultado como aquél las inscripciones de las columnas de Purag, de Mevar y de Inda-Prestha, las de las rocas de Junagur, Bijoli, Aravuri y demás antiquísimos templos jainos, esparcidos por la India, y donde aparecen epigrafías numerosas en lengua hoy completamente desconocida, y en comparación de la cual son meros juegos de niños los jeroglíficos egipcios.

(Cap. III.)

¿VOLVEREMOS A VER LA INDIA?

La India moderna no es hoy ni una pálida sombra de lo que fué, no ya en la época antecristiana, sino ni siquiera en el Indostán de los días de Akbar, Aurunzeb y Shah-Jehan. Las vecindades de las poblaciones arrasadas por las guerras y las aniquiladas aldeas aprecen sembradas de guijarros rojizos y redondos, como lágrimas sangrientas petrificadas. Al aproximarse a la poterna de alguna fortaleza antigua no se tiene que pisar por entre guijas naturales, sino sobre los dispersos fragmentos de granito antiguo, bajo cuyas sedimentaciones yacen muchas veces las ruinas de una tercera ciudad todavía más antigua. Los musulmanes construían de ordinario sus ciudades sobre los restos de las que habían tomado por asalto, y las han asignado denominaciones modernas. Los nombres de estas últimas ciudades suelen mencionarse en las leyendas, mientras que los de sus ciudades antecesoras habían ya desaparecido de la memoria de las gentes aun antes de la invasión musulmana. ¿Llegará un día en que sean sacados a luz tamaños secretos de los siglos?

(Cap. IV.)

LAS DOS SECTAS.

Los brahmanes de Nassik, como los de toda la India, están divididos en dos sectas: la una que adora a Vishnú, y la otra a Siva, y entre ambos existe una guerra secular. Aunque la comarca del Godovari haya sido cuna de Hanumán y teatro de las primeras proezas de Rama, que fué una de las encarnaciones del Vishnú, hay en ella tantos o más templos de Siva que de este último. Las pagodas sivaíticas están construídas con negro basalto, mas como el negro es el color distintivo de los vaishnavas o adoradores de Vishnú, como recuerdo de la quemada cola de Hanumán, surge de ello la manzana de la discordia, por sostener éstos que los shivaitas no tienen derecho a emplear en sus pagodas piedras con tal color. Infinitos fueron, por tanto, los pleitos que tuvieron que fallar los ingleses, desde el primer día de su dominación entre las dos sectas rivales, y, gracias a esta fatídica cola, toda sentencia era apelada de un tribunal para otro, como si ella fuese por sí sola el verdadero *deus ex machina* de los brahmane de Nassik, y hanse emborronado, a propósito de tan ruidoso apéndice más resmas de papel que en la querella celebérrima acerca del ganso sagrado entre el Ivan Ivanitch y el Ivan Nikiphoritch rusos, y se ha derramado más tinta y más bilis que lodo ha existido en Mirgorod desde la creación del universo. El puerco que con tantísimo acierto decidiese la famosa querella de Gogol, habría sido una inapreciable dicha para Nassik, al acabar con su eterna disputa. Además, si el tal puerco viniese de Rusia, nada podría hacer, pues tan luego como llegase sería detenido como espía ruso.

En Nassik se muestra al viajero el baño de Rama, y las cenizas de los brahmanes verdaderamente piadosos son aquí traídas de los lugares más remotos para ser arrojadas en el Godavari y que se mezclen eternamente con las aguas del sagrado Ganges. En cierto antiguo manuscrito de uno de los generales de Rama, que sin saber por qué no es mencionado en el *Ramayana,* señala al río Godavari como frontera separadora de Ayodya o Ude, el imperio de Rama y de Lanka o Ceilán, el imperio de Rávana. Allí fué, en efecto, según canta el *Ramayana,* el lugar preciso donde Rama, cazador, levantó un hermoso antílope, cuya piel trató de regalar a Sita, su esposa; pero al perseguir al ágil cuadrúpedo, violó la frontera y penetró indebidamente en el territorio de su vecino.

(Cap. IV.)

LOS TEMPLOS SEPULTADOS.

No deja de ser harto extraña la circunstancia de que todos los hipogeos de la India se hallen cobijados por cónicas rocas y montañas, cual si sus constructores hubiesen buscado de intento a semejantes pirámides naturales. Semejante peculiaridad, que ya tuve ocasión de observar en Karlí, es exclusiva de la India. ¿Se trata, pues, de una mera coincidencia, u obedece ello a una exigencia arquitectónica del remoto pasado aquel? Y en tal supuesto, ¿quiénes son los originales y quiénes los imitadores: los constructores de las pirámides de Egipto, o esotros arquitectos de los hipogeos indostánicos? Lo mismo en los hipogeos que en las cuevas, todo aparece sometido a la más rigurosa exactitud geométrica. En entrambos casos las entradas se abren en la base, pero siempre a cierta altura sobre el exterior. Por otra parte, nadie ignora que no es la Naturaleza la que copia del arte, sino que el arte trata siempre de reproducir esta o la otra forma de las que nos muestra la Naturaleza, y si expresadas semejanzas entre los respectivos simbolismos de la India y el Egipto no son sino meras coincidencias casuales, hay que reconocer que son ellas demasiado chocantes por lo extraordinarias. Es indudable que el Egipto ha tomado infinitas cosas de la India y que los pocos hechos que acerca de los remotos Faraones ha podido descubrir nuestra ciencia, lejos de contradecir tal teoría proclaman que la India fué la cuna de la egipcia raza. Allá en la remota antigüedad Kalluka-Bhatta escribió, en efecto: "Durante el reinado de Visvamitra, primer rey de la estirpe de Soma-Vansha, tras cinco días de sangrienta batalla, Manú-Vena, el heredero de tantos reyes gloriosos, fué abandonado por los brahmanes y tuvo que emigrar con sus gentes, atravesando la Arya y la Barria para llegar, al fin, a las orillas de Masra..." Conviene no olvidar que Arya es la Persia o el Irán, y que Barria es el más antiguo nombre de la Arabia, mientras que Masra es uno de los primitivos nombres del Cairo, desfigurado por los musulmanes en el de Misro o Musr.

(Cap. IV.)

IMPERIO DEL RITO.

¿Cómo puede un europeo concebir un país en el que *las acciones más nimias de la vida diaria* estén sujetas todas a un rito religioso y que no puedan ellas ser ejecutadas sino al tenor de un minucioso y rutinario programa?

Pues tal país es la India. En ésta los momentos más solemnes de la vida, tales como el nacimiento, la pubertad, el matrimonio, la paternidad, la vejez, la muerte, y además, los menesteres más corrientes de la vida, tales como las abluciones matinales, el vestirse, el comer y *lo que después sigue,* desde el primer vagido de la criatura hasta que ella lanza el último suspiro, tiene precisión de ser ejecutado con arreglo al más estricto ritual brahmánico, bajo pena de ser expulsado de la casa sacerdotal. Son los brahmanes a la manera de los músicos de una orquesta en la que cada instrumento representase a una de tantas sectas diferentes como hay en el país. Podrán tales instrumentos variar en timbre o en naturaleza, pero todos obedecen ciegamente a una sola batuta. Esta batuta es la Ley o Código de Manú, seguida por todos los brahmanes, cualquiera que sea el modo que tenga su secta respectiva de interpretar los libros sagrados, y por más hostiles que sean entre sí al enaltecer sus particulares deidades. Es, pues, dicho Código el punto central al que convergen todos ellos, cual si tuviesen una sola mente; ¡y desdichado de aquel que con la más pequeña nota discordante interrumpa el sinfónico acorde!, porque los ancianos consejeros vitalicios de la casta y las subcastas, que existen en número indefinido, son unos gobernantes, más que severos, inexorables. Contra el fallo de éstos no hay apelación, y la expulsión de un individuo de la casta brahmánica es una verdadera calamidad de funestísimas consecuencias. Ante la estrecha solidaridad de la casta, el excomulgado es mirado peor que un leproso cuyo mero contacto es mortal. Tamaña solidaridad sólo puede compararse a la que media entre los discípulos de Loyola. Si los individuos de dos castas diferentes, por muy unidos que estén por respeto o amistad, ni pueden casarse entre sí, ni comer juntos, ni aceptar recíprocamente ni un vaso de agua u ofrecerse un *hukah*, ¿cuáles no serán las restricciones impuestas respecto a la persona excomulgada? El desgraciado debe morir para todo el mundo, incluso para los de su misma familia; y su padre, esposa o hijos están estrictamente obligados a volverle la espalda, so pena de ser excomulgados a su vez. Ni aun esperanza de casarse pueden tener sus hijos o hijas, por inocentes que se encuentren en el pecado de su padre.

El indio debe desaparecer en absoluto desde el instante en que sobre él cae la excomunión. No puede beber en el pozo de la familia ni recibir alimento de su padre ni de su madre. Ninguno de la casta puede venderle alimentos ni condimentárselos, y ha de perecer de hambre o adquirirlos de las gentes proscriptas o de los europeos, aumentando así su nefasta contaminación. Cuando llegó a su apogeo el poder brahmánico, hasta se alentaba contra el excomulgado a quien quisiera engañarle, robarle o matarle, como gentes fuera de la ley. Hoy día está el excomulgado garantido al menos contra este riesgo, pero todavía el cuerpo del que así muere impenitente no puede ser quemado en la pira, ni en sus funerales se pueden entonar los *mantrams* purificadores, y será simplemente echado al río o dejado podrir entre la maleza cual una bestia.

(Cap. VI.)

EL HOMBRE, SUCESOR DEL HOMBRE.

El indio no tiene derecho a permanecer soltero. Las excepciones únicas a este precepto son: la del niño que desde su infancia es destinado por sus padres a la vida monástica, y la del que es consagrado a la Trimûrti antes de nacer. El precepto obedece a la necesidad que tiene todo indio de contar con un sucesor que se encargue a su muerte de ejecutar todas las ceremonias prescriptas por la ley para que el muerto pueda entrar en el *Swarga* o Cielo. Por eso están obligados a adoptar a los hijos de otros los propios brahmachâryas, casta cuyos miembros hacen todos el voto de castidad y son los únicos célibes de toda la India, no obstante participar de la vida mundana. Los restantes indios han de someterse a la ley matrimonial hasta los cuarenta años, edad en la que tiene derecho a renunciar al mundo y sus pompas para buscar su salvación, llevando una vida ascética en un bosque o lugar apartado. Aunque uno tenga la desdicha de nacer defectuoso, no por eso se exime de la ley, y ha de buscar en su misma casta una mujer que sea defectuosa también, procurando observar la ley de las compensaciones, buscándose el ciego para la lisiada, el imbécil para la histérica, etc., etc., y dado caso que el hombre en cuestión, a pesar de ser defectuoso, desee una esposa sana, puede hacerlo aviniéndose a bajar un peldaño en su casta social, escogiendo una mujer de casta un grado inferior a la suya, pero en tal caso los parientes y asociados del

esposo no darán acogida en su casta a la advenediza, bajo ningún pretexto. Todo ello, por decontado, son arreglos y componendas que sólo puede acordar el *gurú* o brahmán, director espiritual de la familia, bajo la inspiración de los dioses.
(Cap. IX.)

FASCINACIÓN INDIA.

La India es el país de lo anticonvencional, lo inesperado y lo extraño. Todos los rasgos característicos de su vida llevan un sello de originalidad contrario a cuanto puede sospecharse. El movimiento de cabeza de un lado a otro en todo el mundo significa *no,* pero en la India no es sino un *sí,* el más enfático. Si a un indio se le pregunta cómo está su mujer o cuántos hijos tiene, o si tiene hermanos, se sentirá ofendido, aunque se trate de un amigo íntimo, de cada diez casos en nueve. A un invitado no se le ocurrirá jamás el dejar la casa del convite mientras su dueño no señale hacia la puerta, después de haber rociado con agua de rosas a su huésped. Antes se quedaría éste allí sin comer nada ni hacer nada en todo el día, para no ofender a su anfitrión marchándose sin su previa venia. Todo pugna en la India con nuestros prejuicios occidentales. Y si los indios son extraños y originales, su religión lo es más todavía. Tiene ella sus puntos obscuros, y los ritos de muchas de sus sectas son hasta repulsivos. Los mismos brahmanes verdad están bien lejos de ser perfectos; mas, a pesar de estas menudencias, posee la religión india algo tan profunda y misteriosamente irresistible que atrae y subyuga hasta los tan poco fantaseadores ingleses.

El siguiente sucedido es un curioso ejemplo de la fascinación a que aludimos:

N. C. Paul, G. B. M. C. escribió un folleto científico tan corto como interesante. Aunque dicho autor era un obscuro médico militar en Benarés, su nombre era muy conocido entre sus compatriotas como un sabio especialista en Fisiología. El folleto en cuestión se titulaba "Tratado de Filosofía Yoga", y produjo enorme sensación entre los médicos de la India, amén de una animada polémica entre los periodistas angloindios y los indígenas. El Dr. Paul se había pasado, en efecto, treinta y cinco años estudiando los hechos extraordinarios del *yoquismo*, cuya existencia estaba para él fuera de dudas. No sólo trataba de tales fenómenos, sino que explicaba hasta los más extraordinarios, tales como la *levitación* o levantado en alto, como aparentemente contrarios a las propias leyes naturales. Con tanta sinceridad como despecho, el Dr. Paul añadía que nunca había podido aprender nada respecto de la *Raja-Yoga*. Su experiencia profesional estaba casi exclusivamente limitada a aquellos hechos o fenómenos que los faquires y los *hathayoguis* consentían realizar a su presencia. Gracias principalmente a la gran amistad que mantenía con el capitán Seymour, pudo penetrar en algunos misterios que hasta entonces se habían considerado como inabordables. (Cap. XII.)

GLOSARIO

*La literatura teosófica moderna, es decir, la de los
Teosofistas, de la Sociedad Teosófica, emplea, generalmente, algunas palabras cuyo significado y sentido no son del dominio público por proceder de diferentes idiomas y emplearse no siempre con el significado que en su país de origen tienen.*

He aquí las principales.—R. U.

Adam Kadmon.—Según la Kábala, el arquetipo de
la humanidad. El hombre celeste, esto es, antes de
su caída.

Adepto.—El que ha alcanzado la iniciación y se ha
convertido en maestro de la ciencia de la filosofía
esotérica. En la literatura teosófica se emplea principalmente por Ana Besant, en vez de la palabra
mahatma, usada en los primeros momentos.

Ahamkara.—Egoísmo.

Ain-Soph.—Sin forma, sin ser. En la Kábala vale
tanto como el "Ser en su pura indeterminación".

Akasha.—La materia del universo, algo así como el éter de la Física, atacada por Einstein, que llena y puebla el mundo.

Arhat.—Se dice del hombre perfecto que se emancipa de todo renacimiento.

Astral.—Mundo astral es el mundo de los espíritus. Plano astral es el plano donde viven los espíritus que esperan una encarnación. *Astral* equivale a proyección espiritual o anímica. La presencia astral de un individuo es como su presencia en espíritu.

Atma.—El alma superior. El séptimo principio en la clasificación septenaria del hombre.

Avatar.—Encarnación divina. Viciosamente se emplea para referirse a cualquier encarnación.

Buddha.—El Iluminado. Se conoce con ese nombre a *Gotama*, príncipe de Kapilavastu, y llamado también *Sakyamuni,* o asceta sakya. (570 a. de J. C.) El número de Buddhas que ha existido antes de Gotama no está completamente precisado. Se dice que han sido tres, seis, veinticuatro. Se ha sostenido que no ha existido más que un solo Buddha, y también que no ha existido ninguno, siendo la palabra sólo la expresión de un estado superior de perfección moral que puede llevar a quien lo alcanza al deseado Nirvana. La mejor exposición de la vida y doctrina de Gotama Buddha puede verse en la preciosa obra de Paul Carus: *El Evangelio del Buddha*, cuya versión, publicada no hace mucho (F. Beltrán, Madrid), ha merecido una feliz acogida por el público docto; hasta el extremo de provocar un curioso movimiento en pro de las enseñanzas del Mejor Amigo de los Hombres.

Buddhi.—Mente. En Teosofía, el alma espiritual del hombre; el sexto principio. Significa: sabiduría, inteligencia, iluminación; de ahí la palabra *Buddha*. En realidad, significa intuición. Ana Besant traduce esta palabra por "razón pura".

Buddhismo.—La filosofía de Gotama Buddha.

Chela.—Discípulo. Alumno de un adepto o de un *quan*.

Cuaternario.—Los cuatro principios inferiores de los siete generales que componen al hombre: cuerpo material, cuerpo astral o doble, vida e inteligencia o manas inferior.

Día de Brahmâ.—Período de 2.160.000.000 de años durante los cuales Brahmâ crece y forma el mundo material. Después de este período los mundos son destruídos, por turno, por el fuego y el agua, y él se desvanece con la naturaleza objetiva, viniendo después la Noche de Brahmâ.

Deva.—Dios, deidad.

Devachan.—Se pronuncia *devacán*. Morada de los dioses. Estado intermedio entre dos vidas terrestres. La verdadera palabra es *Devaloka*. Devachan es realmente una palabra inventada por Mme. Blavatsky, utilizando equivocadamente una palabra sanscrita y otra tibetana para formarla.

Dhavana.—Concentración.

Dharma,—Ley. Norma. Es una traducción abusiva traducir el mote de los *maharajas* de Benarés: *Sa-*

tyat nasti paro dharma, por *No hay religión más elevada que la verdad,* porque la palabra *dharma* jamás puede tener el significado de *religión.*

Dhyan-chohanes.—Las inteligencias divinas encargadas de la vigilancia del Cosmos. La verdadera palabra debe ser *dhyani-buddha.* La otra es un poco fantástica.

Dhyana.—Meditación. Vigilancia.

Ego.—El "Yo" de la filosofía alemana. La conciencia.

Elementales o espíritus de los elementos.—Las criaturas evolucionadas en los cuatro reinos o elementos—tierra, aire, fuego y agua—. Los kabalistas los llaman gnomos (los de la tierra), silfos (los del aire), salamandras (los del fuego) y ondinas (los del agua). Excepto unos pocos de las clases superiores y los que los rigen, son como hombres y mujeres etéreos. Estas fuerzas, como agentes serviles del ocultista, pueden producir varios efectos, pero si son empleadas por *elementarios* (*Kâmarûpas*) —en cuyo caso esclavizan a los *médiums*—entonces engañan. Todos los seres inferiores invisibles, generados en los planos quinto, sexto y séptimo de nuestra atmósfera terrestre, se llaman elementales: sátiros, faunos, silvanos, damas blancas, peris, dev, djins, pinkies, enanos, etc., etc.

Esotérico.—Oculto, interior.

Exotérico.—Público, exterior.

Gnosis.—Conocimiento.

Guru.—Guía, Maestro.

Kábala.—La sabiduría oculta de los hebreos.

Kamaloka.—El plano *semi* material, subjetivo e invisible para nosotros, donde las "personalidades" desencarnadas, las formas astrales llamadas kâma-rûpa, permanecen hasta que se desvanecen por la extinción completa de los efectos de los impulsos mentales.

Kama-rupa.—La forma subjetiva creada por medio de los deseos. Una forma que sobrevive a la muerte.

Karma.—Acción, obra, ley de acción, retribución, consecuencia de los actos antes realizados y destino que de ellos se deriva. Eitel define el Karma: "Ese fruto moral (de cada ser) que sólo sobrevive a la muerte y se continúa por la transmigración." En el *Anguttara Nikaya Pancaka Nipata* se dice: "Mi acción (karma) es mi propiedad, mi acción es mi herencia, mi acción es la matriz que me ha llevado, mi acción es la familia a que pertenezco, mi acción es mi refugio."

Linga-Sharira.—El cuerpo astral. Nace antes que el hombre y desaparece con la desaparición del último átomo de su cuerpo.

Lipikas.—Escribas. Espíritus registradores del diario Kórmico. Espíritus constructores del universo

Mahatma.—Adepto. Maestros y directores del movimiento teosófico que residen en el Tibet. Los más conocidos por haberse divulgado su nombre y sus fotografías en las obras teosóficas son el maestro Morya y Koot-Hoomi.

Manas.—La mente. En·Teosofía se llama *buddhi-manas* al alma espiritual, y *kama-manas* a su reflejo humano.

Mantra.—En plural se designa así a los versos de los Vedas, que se emplean para las fórmulas de encantamiento. En la literatura teosófica se emplea la palabra muchas veces para indicar el valor y la palabra de poder.

Manvántara.—Período de manifestación. Es, sencillamente, un día de Brahma, esto es, 4.320.000.000 de años solares.

Maya.—Ilusión.

Mayávico.—Ilusorio.

Nirvana.—Aniquilamiento. Esta palabra castellana es la más feliz traducción del término sánscrito, que equivocadamente se traduce como la nada.

Pralaya.—Disolución.

Prana.—Principio vital.

Samadhi.—Extasis.

Sephirotes.—Cualquiera de las diez emanaciones del *Ain-Soph* de la Kabala.

Skandhas.—Los atributos de la personalidad. Según los buddhistas, son cinco: *Rupa*, el cuerpo; *Vedana*, las sensaciones; *Sañña*, las ideas abstractas; *Samkara*, las tendencias de la mente, y *Viñana*, los poderes mentales.

Sramana.—Asceta.

Summerland.—Una manera poética de designar los norteamericanos a los espíritus. La mansión donde creen que residen los espíritus desencarnados. Significa literalmente *la tierra del verano.*

Swami.—Yogui, que ha franqueado los siete primeros peldaños de la plena iniciación.

Tetragrama.—Las cuatro letras hebreas que sirven para trazar el nombre de Dios

Upadhi.—Base, vehículo.

Upanishadas.—Los comentarios místicos de los Vedas.

Yogui.—Asceta que practica la filosofía yoga, mística y oculta de la India.

FIN

INDICE

ÍNDICE

ÍNDICE

ÍNDICE

ÍNDICE